Franz Hartmann

Das Evangelium des Buddha
Sein Leben und seine Lehre

D1667821

CHRISTOF
UIBERREITER
VERLAG
Verlag für hermetisches Wissen

Bahnhofstr. 240 • 44579 Castrop Rauxel • Deutschland
www.hermetischer-bund.de

1

Mein Dank geht an Peter Windsheimer für das Design des Titelbildes. Des Weiteren an Ariane und Michael Sauter.

Für Schäden, die durch falsches Herangehen an die Übungen an Körper, Seele und Geist entstehen könnten, übernehmen Verlag und Autor keine Haftung.

INHALT:

Erster Teil
Buddhas Leben und Lehre

Ich nehme meine Zuflucht in Buddha
(im Lichte der Weisheit).
Ich nehme meine Zuflucht im Gesetze
(der Wahrheit).
Ich nehme meine Zuflucht in der (geistigen)
Gemeinschaft der (unsterblichen) Weisen.

Die folgenden Auszüge aus den heiligen Schriften der Buddhisten haben nicht den Zweck, als „kulturhistorische Abhandlung" zu dienen, noch die Vorzüge irgend eines religiösen Systems über ein anderes zu betonen; sie sollen lediglich ein Wegweiser auf dem Pfade der Selbsterkenntnis sein, den Leser dazu zu bewegen, selbst über die Tiefen der darin enthaltenen Wahrheiten nachzudenken und sich zu einer höheren als der alltäglichen Gedankenregion zu erheben. Es handelt sich hier nicht um die Verehrung irgend einer historischen Persönlichkeit; denn unter „Buddha" ist die Wahrheit und das Licht zu verstehen, durch dessen innere Erleuchtung Gautama Siddharta, sowie mancher andere ein „Buddha", d. h. ein Erleuchteter, geworden ist. Der historische Gautama Buddha, gleich dem mythischen Jesus von Nazareth, ist als Person insofern ein Gegenstand der Hochachtung, als er in seiner Person uns ein Vorbild darstellt von dem, was wir selbst sein und werden sollen. Das Evangelium Buddhas ist die Himmelsbotschaft, welche die Wahrheit selbst den Menschen in ihren Herzen verkündet.

I.
Willkommen

Freut euch der frohen Botschaft! Buddha, unser Herr, hat die Wurzel aller Übel gefunden. Er hat uns den Weg zur Erlösung gezeigt.
Buddha (das Licht der geistigen Erkenntnis) zerstreut die Täuschungen unseres Geistes und erlöst uns von den Schrecken des Todes.
Buddha, unser Herr, bringt Trost allen jenen, die ermüdet und beladen sind,

4

er ist die Wiederherstellung des Friedens für alle, die unter der Last des Lebens ermattet sind. Er gibt den Schwachen Mut, selbst wenn sie schon nahe daran sind, Selbstvertrauen und Hoffnung aufzugeben.

Ihr, die ihr an den Trübsalen des Lebens leidet; ihr, die ihr kämpfen und ausharren müsst, die ihr nach dem Leben der Wahrheit Sehnsucht im Herzen tragt, freut euch über die frohe Botschaft!

Er gibt einen Balsam für den Verwundeten und Brot für den Hungrigen. Er gibt Wasser für den Durstigen und Hoffnung für den Verzweifelten. Licht ist da für diejenigen, welche in der Dunkelheit sind, und ein unerschöpflicher Segen für den Rechtschaffenen.

Heilt eure Wunden, ihr Verwundeten, und sättigt euch, ihr, die ihr hungrig seid. Ruhet euch aus, ihr Ermüdeten, und ihr Durstigen löscht euren Durst. Seht hinauf in das Licht, ihr, die ihr im Dunkeln sitzt, und freut euch, ihr Verlorenen. Vertrauet in die Wahrheit (Wirklichkeit), ihr, die ihr die Wahrheit liebt; denn das Reich der Rechtschaffenheit ist auf der Erde gegründet; die Finsternis ist von dem Lichte der Wahrheit vertrieben. Wir können unseren Weg sehen, und unsere Schritte können fest und sicher sein. Buddha, unser Herr, hat die Wahrheit geoffenbart.

Die Wahrheit heilt unsere Krankheiten und erlöst uns von dem Verderben, die Wahrheit gibt uns Kraft im Leben und im Tode; die Wahrheit allein kann die Übel des Irrtums besiegen.

Freut euch der frohen Botschaft!

II.
Samsara und Nirwana

Blicke umher und betrachte das Leben! Alles ist vergänglich und nichts besteht. Du siehst Geburt und Tod, Wachstum und Verwelken, Verbindung und Trennung. Die Herrlichkeit der Welt ist wie eine Blume; sie steht am Morgen in voller Blüte und welkt in der Hitze des Tages. Wo du auch hinblickst, siehst du ein Rennen und Ringen, ein eifriges Jagen nach Lust, eine feige Flucht vor Schmerz und Tod, einen Jahrmarkt, in welchem Täuschungen feilgeboten werden, und die Flammen der brennenden Begierde lodern auf. Die Welt ist voll von wechselnden Erscheinungen und Verwandlungen. Alles ist Samsara.

Gibt es nichts Dauerndes in der Welt? Ist in diesem allgemeinen Wirbel kein Ruheplatz, wo das geängstigte Herz Frieden finden kann? Gibt es nichts, das von ewiger Dauer ist? Wird die Sorge nie aufhören? Können die brennenden Begierden nicht ausgelöscht werden? Wann wird das Gemüt ruhig und gefasst werden?

Buddha, unser Herr, war bekümmert wegen der Übel des Lebens. Er sah die Eitelkeit weltlicher Glückseligkeit und suchte Erlösung in dem Einen, das nicht welken oder vergehen, sondern für immer ewig bleiben wird.

Ihr, die ihr nach dem Leben trachtet, wisset, dass die Unsterblichkeit im Vergänglichen verborgen ist. Ihr, die ihr nach einer Glückseligkeit strebt, welche keine Samen der Enttäuschung und des Bedauerns enthält, folget dem Rate des großen Meisters und führet ein Leben voll Rechtschaffenheit. Ihr, die ihr euch nach Reichtümern sehnt, kommt und empfangt unsterbliche Schätze.

Die Wahrheit ist ewig, sie kennt weder Geburt noch Tod; sie hat weder Anfang noch Ende. Rufet die Wahrheit an, o Sterbliche! Lasset die Wahrheit von eurer Seele Besitz ergreifen. Die Wahrheit ist der unsterbliche Teil der Seele. Reichtum besteht im Besitze der Wahrheit und ein Leben in Wahrheit ist wahre Glückseligkeit. Nehmt die Wahrheit in eurem Geiste auf, denn die Wahrheit ist das Abbild des Ewigen; sie stellt den Unwandelbaren dar, sie offenbart den Unendlichen; die Wahrheit bringt den Menschen das Geschenk der Unsterblichkeit. Buddha ist die Wahrheit; lasse Buddha in deinem Herzen wohnen. Lösche aus in deiner Seele jede Begierde, welche Buddha entgegengesetzt ist, und am Ende deiner geistigen Evolution wirst du so wie ein Buddha werden. Dasjenige in deiner Seele, welches nicht in Buddha sich entfalten kann oder will, muss zugrunde gehen. Denn es ist nur eine Täuschung und nicht wirklich, es ist die Quelle eines Irrtums, die Quelle deines Elends.

Ihr könnt eure Seele unsterblich machen, indem ihr sie mit der Wahrheit erfüllt. Werdet deshalb gleich Gefäßen, die geeignet sind, das Ambrosia der Worte des Meisters zu empfangen. Reinigt euch von Sünden und heiliget euer Leben. Es gibt keinen anderen Weg, um zur Wahrheit zu gelangen.

Lernet zwischen dem Selbst und der Wahrheit zu unterscheiden. Das Selbst ist die Ursache der Selbstsucht und die Quelle der Sünde; die Wahrheit hängt sich an kein Selbst; sie ist allgemein und führt zur Gerechtigkeit und Rechtschaffenheit. Das Selbst, dasjenige, welches denen, die sich selbst lieben, als ihr eigenes Wesen erscheint, ist nicht das Ewige, Unendliche und Unvergängliche. Suchet nicht nach dem Selbst, sondern suchet die Wahrheit.

Wenn wir unsere Seelen von unserer kleinlichen Selbstsucht befreien, anderen nichts Böses wünschen und so klar werden wie ein kristallheller Diamant, der das Licht der Wahrheit widerspiegelt; welch ein herrliches Bild wird sich uns zeigen, indem wir die Dinge in uns wie in einem Spiegel erblicken, und zwar so, wie sie in Wirklichkeit sind, ohne die Zutat von brennenden Begierden, ohne die Verzerrungen, welche der Irrtum vorbringt, und ohne die durch die sündhafte Unruhe hervorgebrachte Erregung!

Wer das Selbst sucht, der muss zwischen dem falschen Selbst und dem wahren Selbst zu unterscheiden lernen. Sein „Ich" und sein Egoismus sind das falsche Selbst. Sie sind wesenlose Illusionen und vorübergehende Zusammensetzungen. Nur derjenige allein, welcher sein Selbst mit der Wahrheit identifiziert, wird ins Nirwana eingehen, und wer im Nirwana eingegangen ist, der hat die Buddhaschaft erlangt; er hat die höchste Seligkeit gewonnen; er ist Eins geworden mit dem, das ewig und unsterblich ist.

Alle zusammengesetzten Dinge werden wieder aufgelöst werden; Welten werden in Stücke gehen und unsere individuellen Erscheinungen zerstreut werden, aber die Worte des Buddha werden ewig bestehen. Die Auslöschung des Selbsts ist die Erlösung; die Vernichtung des Selbst ist die Bedingung der Erleuchtung; die Ausrottung des Selbst ist Nirwana. Glückselig wird derjenige, welcher aufhört, der Lust zu leben und in der Wahrheit ruht. Wahrlich, sein Gesammeltsein und seine Seelenruhe sind die höchste Seligkeit. Lasst uns unsere Zuflucht in Buddha suchen, denn er hat das ewig Dauernde in dem Vergänglichen gefunden. Lasst uns unsere Zuflucht suchen in demjenigen, welches unveränderlich ist im Wechsel des Daseins. Lasst uns unsere Zuflucht in der Wahrheit suchen, welche durch die Erleuchtung Buddhas offenbar ist.

III.
Die Wahrheit ist der Erlöser

Die Dinge dieser Welt und ihre Bewohner sind dem Wechsel unterworfen; sie sind die Produkte von Dingen, die vor ihnen existierten; alle lebenden Geschöpfe sind das, was sie durch ihr vorhergehendes Tun geworden sind; denn das Gesetz von Ursache und Wirkung ist einheitlich und hat keine

Ausnahmen. Aber in den wechselnden Dingen ist die Wahrheit verborgen. Die Wirklichkeit der Dinge besteht in deren Wahrheit. (Die Wahrheit ist das, was die Dinge wirklich macht.) Die Wahrheit ist das Dauernde in dem Vergänglichen. Und die Wahrheit begehrt zu erscheinen (offenbar zu werden); die Wahrheit sehnt sich, bewusst zu werden; die Wahrheit strebt darnach, sich selbst zu erkennen.

Wahrheit ist in einem Steine, denn der Stein ist da, und keine Macht in der Welt, weder Gott noch Mensch, kann sein Dasein vernichten; aber der Stein hat kein Bewusstsein.

Wahrheit ist in der Pflanze und ihr Leben kann sich ausbreiten; die Pflanze wächst, blüht und bringt Frucht. Ihre Schönheit ist wunderbar; aber sie hat kein Bewusstsein.

Wahrheit ist in dem Tiere, es bewegt sich frei und nimmt seine Umgebung wahr; es unterscheidet und lernt zu wählen. Da ist Bewusstsein vorhanden; aber noch nicht das Bewusstsein der Wahrheit. Es ist nur ein Bewusstsein des „Selbsts".

Das Bewusstsein des Selbsts verschleiert das Auge des Geistes und verbirgt die Wahrheit. Es ist der Ursprung des Irrtums, es ist die Quelle der Täuschung, der Same der Sünde. Aus dem Selbst wird die Selbstsucht geboren. Es gibt kein anderes Übel, als dasjenige, welches dem Selbst entspringt. Es gibt kein Unrecht als dasjenige, welches durch die Bejahung des Selbsts geschieht. Das Selbst ist der Anfang von allem Hassen, von Bosheit und Verleumdung, von Unverschämtheit und Schamlosigkeit, Diebstahl, Raub, Unterdrückung und Blutvergießen. Das Selbst ist Mara, der Versucher, der Übeltäter, der Erzeuger von Unheil. Das Selbst verlockt durch Vergnügungen. Das Selbst verspricht ein Feenparadies. Das Selbst ist der Schleier der Maya, der Zauberer. Aber die Vergnügungen des Selbsts sind unwesentlich, sein paradiesisches Labyrinth ist die Straße zur Hölle, und seine welkende Schönheit entzündet die Flammen der Begierden, die man nie sättigen kann.

Wer wird uns von der Macht des Selbsts befreien? Wer wird uns aus der Trübsal erretten? Wer wird uns wieder zu einem segensreichen Leben verhelfen?

Trübsal ist in der Welt Samsara, viel Not und Pein; aber größer als alle Trübsal ist der Segen der Wahrheit. Die Wahrheit verschafft dem Sehnen der Seele den Frieden; sie besiegt den Irrtum, sie löscht die Flammen der Begierde und führt nach Nirwana.

Selig ist, wer den Frieden Nirwanas gefunden. Er ist in Ruhe mitten unter den Kämpfen und Mühsalen des Lebens; er ist über alle Veränderungen erhaben; er steht über Geburt und Tod, er wird von den Übeln des Lebens nicht berührt.

Selig ist, wer eine Verkörperung der Wahrheit geworden ist; denn er hat seinen Zweck erfüllt, und ist eins mit sich selbst und der Wahrheit. Er überwindet, wenn er auch verwundet werden kann; er ist glorreich und glücklich, wenn er auch zu leiden hat; er ist stark, wenn er auch durch die Last seines Werkes niedergedrückt wird; er ist unsterblich, obgleich er stirbt. Das Wesen seiner Seele ist die Unsterblichkeit.

Selig ist, wer den heiligen Zustand der Buddhaschaft erreicht hat; denn er ist fähig, seinen Mitmenschen Erlösung zu bringen. Die Wahrheit hat ihre Wohnung in ihm aufgeschlagen; vollkommene Weisheit erleuchtet seinen Verstand und die Rechtschaffenheit beseelt die Absicht in allen seinen Handlungen.

Die Wahrheit ist eine lebendige, fürs Gute wirkende Kraft, unzerstörbar und unbesiegbar. Lasst die Wahrheit in eurer Seele offenbar werden und verbreitet sie unter den Menschen; denn die Wahrheit allein ist der Erlöser von Sünde und Trübsal. Die Wahrheit ist Buddha und Buddha ist die Wahrheit. Gesegnet sei Buddha.

IV.
Buddhas Geburt

In Kapilavastu herrschte ein Shakya-König, der starken Herzens und von jedermann hochgeachtet war. Er war ein Nachkomme der Ikshvaku, welche sich Gautama nennen, und sein Name war Shuddhodana oder „Reiner Reis". Seine Frau Maya-devi war so schön wie die Wasserlilie und ihre Seele so rein wie der Lotus. Wie die Himmelskönigin, so lebte sie auf der Erde, unbefleckt von Begierde und fehlerlos. Der König, ihr Gemahl, ehrte sie in ihrer Heiligkeit, und der Geist der Wahrheit stieg auf sie herab. Als sie erkannte, dass die Stunde nahe war, Mutter zu werden, bat sie den König, sie nach Hause zu ihren Eltern zu senden, und Shuddhodana, der sehr für seine Frau und das Kind, das sie unter dem Herzen trug, besorgt war, willfahrte ihrer Bitte gern.

Als sie durch den Garten von Lumbini ging, kam die Stunde; ihr Lager wurde unter einem hohen Atlasbaum bereitet, und das Kind kam auf die

Welt, strahlend und vollkommen wie die aufgehende Sonne. Alle Welten wurden mit Licht überflutet. Die Blinden erlangten ihre Sehkraft, indem sie sich danach sehnten, die nahende Herrlichkeit des Herrn zu sehen; Taube und Stumme sprachen miteinander von den guten Anzeichen, welche die Geburt Buddhas verkündeten. Die Verkrüppelten wurden gerade, und die Lahmen konnten gehen. Alle Gefangenen wurden von ihren Ketten frei und alle Höllen wurden ausgelöscht. Am Firmament bildeten sich keine Wolken und die unreinen Ströme wurden klar; himmlische Musik ertönte in der Luft und die Engel jubelten freudevoll, nicht aus selbstsüchtiger oder teilweiser Freude, sondern um des Gesetzes willen; denn die in dem Ozean des Schmerzes versunkene Schöpfung sollte jetzt Erlösung erlangen. Die Stimmen der Tiere schwiegen, alle böswilligen Wesen erhielten ein liebendes Herz, und Friede herrschte auf Erden. Nur Mara, der Böse, er allein trauerte und freute sich nicht. Die Naga-Könige, welche ernstlich wünschten, ihre Ehrfurcht für das höchst ausgezeichnete Gesetz darzutun, so wie sie frühere Buddhas verehrt hatten, gingen hin, um den Bhodhisattva zu treffen. Sie streuten Mandara-Blumen vor ihm aus und freuten sich mit herzlicher Lust, ihre ehrfurchtsvolle Andacht darzubringen.

Der königliche Vater dachte über die Bedeutung dieser Zeichen nach, und war bald voller Freude und bald sehr bekümmert. Die Königin-Mutter sah ihr Kind und die Bewegung, welche seine Geburt erzeugt hatte, und in ihrem schüchternen Frauenherzen fühlte sie die Schmerzen des Zweifels. An ihrem Lager stand ein altes Weib und flehte zum Himmel um Segen für das Kind.

Damals lebte in dem Wäldchen Asita ein Weiser als Eremit. Er war ein Brahmine von würdigem Aussehen, berühmt nicht nur wegen seiner Weisheit und Gelehrsamkeit, sondern auch wegen seiner Kunst im Zeichendeuten, und der König lud ihn ein, das königliche Kind zu sehen. Der Seher betrachtete den Prinzen und fing an zu weinen und tief zu seufzen. Als der König Asitas Tränen sah, da wurde ihm bange und er sprach: „Weshalb hat der Anblick meines Sohnes Dir Kummer und Schmerz gemacht?"

Aber Asitas Herz war freudevoll, und da er sah, dass der König verwirrt war, sprach er zu ihm und sagte: „Der König, gleich dem Vollmonde, sollte sich sehr freuen; denn es ist ihm ein wunderbar großer Sohn zuteil geworden. Nicht Brahma bete ich an, wohl aber dieses Kind, und die Götter werden aus ihren Tempeln herniedersteigen von ihren Ehrenplätzen und es anbeten. Verbanne alle Sorge und Zweifel. Die geistigen Zeichen, welche offenbar wurden, bedeuten, dass dieses jetzt geborene Kind der ganzen Welt Erlösung bringen wird. Ich dachte daran, dass ich selbst alt bin, und ich konnte deshalb meine Tränen nicht zurückhalten; denn ich sehe mein Ende nahen. Aber dieser dein Sohn wird die Welt beherrschen. Er ist zum Segen von allem, das lebt, geboren. Seine reine Lehre wird dem Ufer gleichen, das die Schiffbrüchigen aufnimmt. Die Kraft seines Gedankens wird wie der kühle See sein, und alle Geschöpfe, die von der Dürre der Lust schmachten, können nach Lust davon trinken. Er wird über dem Feuer der Habsucht die Wolke seiner Gnade aufsteigen lassen, damit der Regen des Gesetzes es auslöschen kann. Die schweren Pforten der Verzagtheit wird er öffnen und allen Geschöpfen, die in den selbstgeknüpften Maschen der Torheit und Unwissenheit gefangen sind, die Freiheit geben. Der König des Gesetzes ist erschienen, um alle aus der Gefangenschaft zu befreien, die arm, elend und hilflos sind."

Als die königlichen Eltern Asitas Worte hörten, freuten sie sich im Herzen und nannten das neugeborene Kind Siddhartha, das heißt „Der, welcher seine Bestimmung erfüllt hat."

Und die Königin sprach zu ihrer Schwester Prajapati: „Eine Mutter, welche einen künftigen Buddha geboren hat, wird niemals ein anderes Kind gebären. Bald werde ich diese Welt verlassen, meinen Gemahl, den König, und mein Kind. Wenn ich dahingegangen bin, sei Du eine Mutter für ihn."

Und Prajapati vergoss Tränen und gab das Versprechen. Als die Königin von den Lebenden geschieden war, da nahm Prajapati den Knaben zu sich und zog ihn auf. Und wie der Mond allmählich wächst, so nahm das königliche Kind täglich an Geist und Körper zu, und Wahrhaftigkeit und Liebe wohnten in seinem Herzen.

V.
Die Bande des Lebens

Als Siddhartha ein Jüngling geworden war, wünschte sein Vater ihn zu verheiraten, und er sandte Boten zu allen seinen Verbündeten und befahl denselben, ihre Prinzessinnen zu bringen, damit der Prinz eine davon als sein Weib wählen könne. Aber die Verbündeten antworteten und sprachen: „Der Prinz ist jung und zart, und er hat noch keine Wissenschaften gelernt. Er würde nicht fähig sein, unsere Tochter zu ernähren, und wenn ein Krieg ausbrechen würde, so wäre er nicht imstande, sich mit dem Feinde zu messen."

Der Prinz war kein Lärmer, sondern zurückgezogen in seinem Wesen. Er hielt sich gerne unter dem großen Jambu-Baum im Garten seines Vaters auf. Er beobachtete das Treiben der Welt und widmete sich dem Nachdenken. Und der Prinz sprach zu seinem Vater: „Lade deine Verbündeten ein, damit sie mich sehen und meine Kraft prüfen können."

Und der Vater tat, was der Sohn ihm riet. Als die Verbündeten kamen, und die Bewohner der Stadt Kapilavastu sich versammelt hatten, um die Tapferkeit und die Kenntnisse des Prinzen zu prüfen, da bewies er sich als ein Mann in allen Taten, sowohl des Körpers als des Geistes, und unter den Jünglingen und Männern Indiens war keiner, der ihn übertreffen konnte, weder an körperlicher noch an geistiger Kraft und Kunst. Er beantwortete alle Fragen der Weisen; aber wenn er sie befragte, so konnten ihm selbst die Weisesten unter ihnen keine Antwort geben.

Dann wählte sich Siddhartha ein Weib. Er wählte sich Yashodhara, seine Muhme, die edle Tochter des Königs von Koli aus. Und Yashodhara wurde dem Prinzen vermählt. In ihrer Ehe wurde ein Sohn geboren, den sie Rahula nannten, und der König Shuddhodana, froh, dass seinem Sohn ein Erbe geboren ward, sprach: „Der Prinz hat einen Sohn erzeugt und wird ihn ebenso sehr lieben, als ich den Prinzen liebe. Dies wird ein starkes Band sein, welches Siddharthas Herz an die Interessen der Welt binden wird, und das Reich der Shakyas wird unter dem Zepter meiner Nachkommen bleiben."

Der Prinz Siddhartha, ohne dabei einen selbstsüchtigen Nebenzweck zu verfolgen, aber indem er auf sein Kind und die Welt im allgemeinen Rücksicht nahm, kam seinen religiösen Verpflichtungen nach. Er badete seinen Körper in dem heiligen Ganges und reinigte sein Herz in den Wassern des Gesetzes. So wie die Menschen ihren Kindern Ruhe zu geben wünschen, so sehnte er sich darnach, der Welt den Frieden zu geben.

VI.
Die drei Wehe

Der Palast, welchen der König dem Prinzen gegeben hatte, strahlte durch seinen Reichtum an allem irdischen Luxus, denn der König wünschte

seinen Sohn glücklich zu sehen. Aller betrübende Anblick, alles Elend und alle Kenntnis desselben wurden Siddhartha vorenthalten und er wusste nicht, dass es in der Welt Leiden gibt. Aber wie der gefesselte Elefant sich nach der Wildnis des Dschungels sehnt, so war der Prinz begierig, die Welt zu sehen, und er bat seinen Vater um die Erlaubnis dazu. Und Shuddhodana befahl, dass man einen mit Juwelen bedeckten Wagen mit vier stattlichen Pferden bereit halten und die Straßen, durch die sein Sohn fahren würde, schmücken solle. Da wurden die Straßen der Stadt mit Vorhängen und Bannern geschmückt, und die Zuschauer stellten sich auf beiden Seiten auf, gierig den Anblick des Erben des Thrones zu erhaschen. So fuhr Siddhartha mit Channa, seinem Rosselenker, durch die Straßen der Stadt hinaus aufs Land, das von kleinen Strömen bewässert und mit freundlichen Bäumen bewaldet war. Da trafen sie am Wege einen alten Mann. Als der Prinz den gebeugten Körper desselben, sein runzliches Gesicht und kummervolles Antlitz sah, da sprach er zu seinem Rosselenker: „Was ist dieses für ein Geschöpf? Sein Kopf ist grau, seine Augen triefen und sein Körper ist verschrumpft. Er kann sich kaum auf seinem Stock aufrecht erhalten.“
Der Rosselenker kam sehr in Verlegenheit und wagte es kaum, die Wahrheit zu sagen. Er sprach: „Dies sind die Erscheinungen des Alters. Dieser Mensch war einstmals ein säugendes Kind, dann ein Jüngling voll brausenden Lebens; aber jetzt, nachdem seine Jugendjahre dahingegangen sind, ist seine Schönheit fort und die Kraft seines Lebens ist verschwunden.“
Diese Worte des Rosselenkers machten auf Siddhartha einen großen Eindruck und er seufzte wegen dem Weh, welches das Alter mit sich bringt. „Wie kann der Mensch Lust oder Freude haben“, so dachte er bei sich selbst, „wenn er weiß, wie frühe sie verdorren und schwinden!“
Und als sie weiter fuhren, sahen sie einen Kranken am Wege, der mühsam nach Atem rang; sein Körper war entstellt, von Krämpfen erschüttert und er stöhnte vor Schmerz. Der Prinz fragte seinen Rosselenker: „Was ist das für ein Mensch?“
Und der Rosselenker antwortete: „Dieser Mann ist krank. Die **vier Elemente** seines Körpers sind verwirrt und außer Ordnung geraten. Wir alle sind solchen Zuständen ausgesetzt, die Armen als auch die Reichen, die Unwissenden und die Weisen; alle Geschöpfe, die Körper haben, können davon befallen werden.“
Da wurde Siddhartha noch mehr bewegt. Alle Vergnügungen erschienen ihm jetzt wertlos und ihn ekelte vor den Freuden des Lebens. Der

Rosselenker trieb die Pferde an, um schneller diesem betrübenden Anblick zu entrinnen, aber sie hielten plötzlich in ihrem feurigen Lauf an. Vier Menschen kamen den Weg entlang und trugen einen Leichnam, und der Prinz, schaudernd bei dem Anblick des leblosen Körpers, fragte den Rosselenker: „Was ist das, was da getragen wird? Da sind Bänder und Blumenkränze, aber die Leute, welche folgen, sind mit Kummer erfüllt."

Darauf antwortete der Rosselenker: „Dies ist ein toter Mensch. Sein Körper ist steif, sein Leben ist fort, seine Gedanken stehen still, seine Familie und die Freunde, die ihn liebten, tragen jetzt den Leichnam zu Grabe."

Da befiel den Prinzen Angst und Schrecken, und er fragte: „Ist dies der einzige tote Mensch, oder gibt es noch mehr solche in der Welt?"

Mit schwerem Herzen antwortete der Wagenlenker: „So ist es überall in der Welt. Wer zu leben anfängt, muss aufhören zu leben. Vor dem Tode gibt es kein Entrinnen."

Mit zurückgehaltenem Atem und stammelnd rief der Prinz aus: „O weltliche Menschen! Wie unheilvoll ist eure Täuschung! Eure Körper werden ohne Erbarmen in Staub zerfallen, dennoch lebt ihr sorglos und ohne an dieses Ende zu denken."

Als der Rosselenker den tiefen Eindruck sah, den das Geschehene auf des Prinzen Gemüt machte, da wandte er seine Pferde und fuhr zurück nach der Stadt. Als sie an den Palästen der Edelleute vorüberfuhren, sah Krischa Gautami, eine junge Prinzessin und Nichte des Königs, Siddhartha in seiner männlichen Schönheit, und als sie den tiefen Ernst, der auf seinem Antlitz lagerte, sah, rief sie aus: „Glücklich ist der Vater, der dich erzeugte; glücklich die Mutter, die dich säugte; glücklich die Frau, die einen so herrlichen Herrn ihren Mann nennt."

Der Prinz hörte dies, grüßte und sprach: „Glücklich sind diejenigen, welche die Erlösung gefunden. Ich sehne mich nach Seelenruhe und bin entschlossen, die Seligkeit Nirwanas zu suchen."

Dann gab er ihr sein kostbares Perlenhalsband, das er trug, als Belohnung für den Unterricht, den er von ihr erhalten hatte, und kehrte nach Hause zurück.

Siddhartha blickte mit Geringschätzung auf die Kostbarkeiten seines Palastes. Seine Frau hieß ihn willkommen und bat ihn, die Ursache seines Kummers zu sagen; und er sprach: „Ich sah überall den Eindruck der Veränderung; deshalb ist mein Herz schwer. Die Menschen werden alt, erkranken und sterben. Diese Kenntnis genügt, um mir den Geschmack am Leben zu nehmen."

Als der König, sein Vater, erfuhr, dass das Herz des Prinzen sich dem Vergnügen abgewendet hatte, da überwältigte ihn die Sorge und der Kummer drang in sein Herz wie ein Schwert.

VII.
Buddhas Entsagung

Es war Nacht. Der Prinz fand auf seinen weichen Kissen keine Ruhe; er erhob sich und ging hinaus in den Garten.

„Wehe!" rief er aus, „die Welt ist voll Finsternis und Unwissenheit! Gibt es denn keinen, der die Leiden des Daseins heilen kann?"

Und er seufzte im Übermaß des Schmerzes. Siddhartha setzte sich unter den großen Jambu-Baum und gab sich dem Nachdenken hin. Er dachte nach über Leben und Tod und die Übel des Zerfalles. Er sammelte seinen Geist und wurde dadurch frei von Verwirrung. Alle niedrigen Begierden verschwanden aus seinem Herzen, und eine vollkommene Ruhe kam über ihn. In diesem Zustand der Verzückung sah er mit geistigem Auge alle Trübsal und Kummer der Welt. Er sah die Leiden, welche die Lust mit sich bringt, und die unvermeidliche Gewissheit des Todes, der über jedes Wesen verhängt ist; und ein tiefes Mitleid ergriff sein Herz. Während der Prinz über das Rätsel des Übels nachdachte, sah er unter dem Jambu-Baume eine erhabene Gestalt, voll Majestät, ruhig und würdevoll.

„Woher kommst Du, und wer bist Du?" fragte der Prinz.

Die Erscheinung antwortete ihm und sprach: „Ich bin ein Shramana (Asket). Der Gedanke des Altwerdens, der Krankheit und des Todes betrübte mich, und ich verließ meine Heimat, um den Weg der Erlösung zu finden. Alle Dinge eilen ihrem Untergange entgegen; nur die Wahrheit bleibt ewig. Alles verändert sich, und es gibt nichts, das beständig ist; dennoch sind die Worte der Buddhas unwandelbar. Ich sehne mich nach jener Glückseligkeit, die nicht verdirbt, nach dem Schatze, der niemals verloren geht, nach dem Leben, das weder Anfang noch Ende hat. Deshalb habe ich alle weltlichen Gedanken verworfen. Ich habe mich in ein abgelegenes Tal zurückgezogen, um in Einsamkeit zu leben; ich erbettle Nahrung und widme mich dem einen Dinge, das nötig ist."

Siddhartha sprach: „Kann in der Welt voll Unruhe der Frieden gefunden werden? Ich bin von der Leerheit des Vergnügens überzeugt, und

Belustigung ekelt mich an. Alles drückt mich nieder, und selbst das Dasein scheint mir unerträglich zu sein".

Der Shramana antwortete: „Wo Hitze ist, da ist auch die Möglichkeit der Kälte; die Geschöpfe, welche dem Schmerz unterworfen sind, haben auch die Fähigkeit, sich zu freuen; der Ursprung des Übels weist darauf hin, dass das Gute sich entwickeln kann; denn diese Dinge bedingen sich gegenseitig. Wo deshalb viel Leiden ist, da wird große Seligkeit sein, wenn Du nur Deine Augen öffnest, um sie zu finden. So wie ein Mensch, der in eine Schmutzlache gefallen ist, nach einem großen Teiche in der Nähe voll klaren Wassers, das mit Lotusblumen bedeckt ist, suchen soll, so sollst Du nach dem großen todlosen See von Nirwana suchen, um die Unreinigkeit der Sünde abzuwaschen. Wird dieser See nicht gesucht, so ist es nicht die Schuld des Sees, und so auch, wenn es einen segenbringenden Weg gibt, welcher dem durch die Sünde festgehaltenen Menschen zur Erlösung in Nirwana führt, und er diesen Weg nicht geht, so ist es nicht die Schuld dieses Weges, sondern des Menschen. Und wenn ein Mensch, der an einer Krankheit darniederliegt, weiß, dass ein Arzt in der Nähe ist, der ihn heilen kann, und er nimmt seine Hilfe nicht in Anspruch, so ist das nicht des Arztes Schuld. Ebenso, wenn ein Mensch an der Krankheit des Bösetums darniederliegt und nicht den geistigen Führer der Erlösung sucht, so ist dies nicht die Schuld dieses Führers, der alle Sünde zerstört."

Der Prinz hörte auf die edlen Worte seines Besuchers und sprach: „Du bringst mir eine gute Nachricht; denn jetzt erkenne ich, dass meine Bestimmung erfüllt sein wird. Mein Vater rät mir, das Leben zu genießen und weltliche Pflichten zu übernehmen, die mir und meinem Hause Ehren bringen werden. Er sagt mir, dass ich noch zu jung bin und meine Pulse zu kräftig, um ein religiöses Leben zu führen."

Die ehrwürdige Erscheinung schüttelt das Haupt und antwortet: „Du solltest wissen, dass, um die Wahrheit zu suchen, es keine Zeit gibt, die dazu nicht gelegen ist."

Ein Freudenschauer durchbebte Siddharthas Herz. „Jetzt ist es Zeit", sprach er, „die Wahrheit zu suchen. Jetzt ist es Zeit, alle Bande zu trennen, die mich verhindern würden, vollkommenes Erleuchten zu finden; jetzt ist es Zeit, um in die Wildnis zu wandern, ein Bettlerleben zu führen und den Weg der Erlösung zu finden."

Der himmlische Bote hörte Siddharthas Entschluss und lobte ihn.

„Jetzt ist es in der Tat Zeit, die Wahrheit zu suchen", fügte er hinzu. „Gehe, Siddhartha, und erfülle Deine Bestimmung; denn Du bist Bodhisattwa, der

16

erwählte Buddha; Du bist zum Retter und Erlöser der Welt bestimmt. Du bist Tathagata, der Vollkommene; denn Du wirst das Gesetz der Gerechtigkeit erfüllen und Dharma-raja, der König der Wahrheit sein. Du bist Bhagavant, der Gesegnete, denn Du bist dazu berufen, der Retter und Erlöser der Welt zu werden. Erfülle Du die Vollkommenheit der Wahrheit. Wenn auch ein Blitzstrahl auf Dein Haupt niederfährt, gib nie den Verlockungen nach, welche die Menschen vom Pfade der Wahrheit abwendig machen. Wie die Sonne zu jeder Zeit ihren eigenen Lauf und nie einen anderen nimmt, so verlasse nie den Pfad der Gerechtigkeit, und Du wirst ein Buddha werden. Harre aus in Deinem Suchen, und Du wirst finden, was Du suchst. Verfolge das, was Du Dir vorgesetzt hast, ohne zu wanken, und Du wirst die Krone erlangen. Kämpfe ernsthaft und Du wirst siegen. Die Segnungen aller Götter, aller Heiligen und aller, die nach dem Lichte suchen, ruhen auf Dir und himmlische Weisheit leitet Deine Schritte. Du wirst Buddha werden, unser Meister und Herr, Du wirst die Welt erleuchten und die Menschheit vom Verderben retten."

Nachdem die Erscheinung dies gesprochen, verschwand sie, und Siddhartas Seele war mit Frieden erfüllt. Er sprach zu sich selbst: „Ich bin zum Bewusstsein der Wahrheit erwacht und habe mich entschlossen, meine Bestimmung zu erfüllen. Ich will alle Bande lösen, die mich an die Welt binden; ich will meine Heimat verlassen, um den Weg der Erlösung zu suchen. Die Buddhas sind Wesen, deren Worte nicht irren können; in ihren Reden gehen sie von der Wahrheit nicht ab. Denn wie das Herniederfallen eines in der Luft geworfenen Steines, wie der Tod eines Sterblichen, wie der Sonnenaufgang am Morgen, wie das Gebrüll des Löwen, wenn er seine Höhle verlässt, wie die Entbindung einer schwangeren Frau, wie alle diese Dinge bestimmt und sicher sind, ebenso ist das Wort der Buddhas sicher und kann sich nicht irren. Wahrlich! Ich will ein Buddha werden."

Der Prinz kehrte zurück in das Schlafzimmer seiner Frau, um einen letzten Abschiedsblick auf diejenigen zu werfen, welche ihm lieber waren als alle Schätze der Erde. Er sehnte sich darnach, noch einmal seinen Knaben in den Arm zu nehmen und ihm einen Abschiedskuss zu geben; aber das Kind lag in den Armen der Mutter, und er hätte ihn nicht nehmen können, ohne beide zu wecken. Da stand Siddharta und betrachtete sein schönes Weib und seinen geliebten Sohn, und sein Herz trauerte. Der Schmerz der Trennung kam gewaltsam über ihn, und obgleich er fest entschlossen war, dass nichts, sei es gut oder böse, ihn in seinem Vorsatz erschüttern solle, so flössen dennoch die Tränen reichlich aus seinen Augen, und es überstieg seine Kraft, dieselben zurückzuhalten oder zu unterdrücken. Mit männlichem Mut riss der Prinz sich los; er unterdrückte seine Gefühle, löschte aber das Gedächtnis daran nicht aus. Er bestieg sein Ross Kantaka, und da er die Tore der Burg weit offen fand, so ritt er hinaus in die stille Nacht, nur von seinem treuen Rosselenker Channa begleitet. So entsagte der Prinz Siddharta den Lüsten der Welt, opferte sein Königreich auf, trennte alle Bande und ging hinaus in die Heimatlosigkeit. Dunkelheit war auf der Erde, aber am Himmel strahlten die Sterne.

VIII.
Bimbisara

Siddhartha hatte seine wallenden Locken abgeschnitten und sein königliches Gewand für ein schlechtes erdfarbenes Kleid vertauscht. Er hatte Channa, den Rosselenker, mit der edlen Stute Kantaka zum König Shuddhodana gesandt, um ihm die Botschaft zu bringen, dass der Prinz die Welt verlassen hätte, und so wandelte der Bodhisattva auf der Landstraße hin, mit einer Bettlerschale in seiner Hand.
Trotz alledem war die Majestät seines Geistes unter der Armseligkeit seiner Erscheinung nur schlecht verhüllt. Seine aufrechte Haltung verriet seine edle Geburt, und aus seinen Augen strahlte ein Feuereifer für die Wahrheit. Die Schönheit seiner Jugend ward verklärt durch die Heiligkeit, welche sein Haupt mit einem Schimmer umgab. Jedermann, der diese seltene Erscheinung sah, blickte ihn an mit Erstaunen. Diejenigen, welche eilig dahingingen, hielten ihre Schritte an und sahen sich nach ihm um, und da war keiner, der ihn nicht mit Ehrerbietung begrüßte.
Der Prinz betrat die Stadt Rajagriha und ging von Haus zu Haus, stillschweigend wartend, bis ihm Nahrung angeboten wurde. Überall, wohin der Gesegnete kam, gab man ihm, was man hatte; die Leute beugten sich vor ihm ehrfurchtsvoll und waren von Dank erfüllt, weil er sich herbeigelassen hatte, sich ihrem Hause zu nähern. Die Alten sowohl als die Jungen waren gerührt und sagten: „Dies ist ein edler Muni (Weiser), sein Nahen bringt Segen. Welche Freude für uns!"
Und der König Bimbisara erfuhr von der Bewegung in der Stadt und fragte nach der Ursache derselben, und nachdem er die Nachricht empfangen hatte, sandte er einen seiner Beamten, um den Fremden zu beobachten. Als

18

er hörte, dass der Fremde ein Shakya und von edler Geburt zu sein scheine und dass er sich nach dem Ufer eines Flusses im Walde begeben hätte, um dort die in der Schale gesammelte Nahrung zu genießen, da wurde sein Herz bewegt, und er zog sein königliches Festgewand an, setzte die goldene Krone auf sein Haupt und ging hinaus mit seinen gereiften und weisen Ratgebern, um den geheimnisvollen Gast zu besuchen.

Der König sah den Muni aus dem Shakya-Geschlechte unter einem Baume sitzen. Bimbisara betrachtete seinen ruhigen Gesichtsausdruck und sein würdevolles Benehmen, grüßte ihn ehrerbietig und sprach: „O Shramana, Deine Hände sind dazu gemacht, die Zügel eines Königreiches zu halten und nicht, um eine Bettlerschale zu tragen. Würde ich nicht glauben, dass Du selbst von königlicher Abstammung bist, so würde ich Dich bitten, die Regierung meines Landes und meine königliche Macht mit mir zu teilen. Das Verlangen nach Macht steht dem Edlen gut an, und Reichtum ist nicht zu verachten. Reich werden und dabei die Religion zu verlieren, ist kein guter Gewinn; wer aber alle drei, Macht, Reichtum und Religion, besitzt und sie vernünftig und weise verwendet, den halte ich für einen großen Meister.“

Der große Shakya-Muni erhob seine Augen und antwortete: „Es ist bekannt, o König, dass Du freisinnig und religiös bist, und Deine Worte sind klug. Von einem guten Menschen, der einen guten Gebrauch von seinem Reichtum macht, sagt man mit Recht, dass er einen großen Schatz besitzt; aber der Geizige, der seinen Reichtum anhäuft, hat keinen Gewinn. Barmherzigkeit bringt reichliche Zinsen; Barmherzigkeit ist der größte Reichtum; denn obgleich er zerstreut wird, so bringt er doch keine Reue. Ich habe alle Ketten zerbrochen, weil ich die Befreiung suche. Wie könnte ich wieder in die Welt zurückkehren wollen? Wer die religiöse Wahrheit sucht, welche von allen Schätzen die höchste ist, muss alles zurücklassen, das ihn betrifft oder seine Gedanken in Anspruch nimmt, er muss nur das eine Ziel verfolgen. Er muss seine Seele von Habsucht und Lüsten befreien und auch von dem Verlangen nach Macht. Nähre die Lust nur ein wenig, und sie wird wachsen wie ein Kind. Übe weltliche Gewalt aus, und Du beladest Dich mit Sorgen. Besser als das Königtum über der Erde, besser als das Leben im Himmel, besser als die Herrschaft über alle Wesen ist die Frucht der Heiligkeit. Der Bodhisattwa hat die täuschende Natur des Reichtums erkannt und wird nicht Gift für Nahrung nehmen. Wird der gefangene Fisch sich noch nach der Angel sehnen oder der gefangene Vogel sich in das Netz verlieben? Der Kranke, welcher das Fieber hat, sucht eine kühlende Arznei. Sollen wir ihm raten, dasjenige zu trinken, was das Fieber vermehrt? Können wir das Feuer auslöschen, indem wir Holz dazu tragen? Ich bitte Dich, bemitleide mich nicht. Bemitleide lieber diejenigen, denen die Sorgen des Königtums und die Beschwerden großer Reichtümer aufgebürdet sind. Sie genießen dieselben mit Zittern, denn ständig bedroht sie der Verlust derjenigen Güter, an denen ihre Herzen hängen, und wenn sie sterben, so können sie weder ihr Geld noch ihr Königsdiadem mit sich nehmen. Welchen Vorzug hat ein toter König vor einem toten Bettler?

Möchte ein Kaninchen, das aus dem Rachen der Schlange gerettet wurde, wieder in denselben zurückkehren, um verschlungen zu werden? Würde ein Mensch, der sich an einer Fackel die Hand verbrannt hat, sie noch einmal aufnehmen, nachdem er sie auf die Erde geworfen hat? Würde ein Blinder, der sehend geworden ist, seine Augen wieder zu verderben wünschen? Mein Herz begehrt keinen niederen Gewinn. Deshalb habe ich mein Königsdiadem hinweggetan und ziehe es vor, frei von den Beschwerden des Lebens zu sein.

Versuche es deshalb nicht, mich in neuen Verwandtschaften und Pflichten zu verstricken, und hindere mich nicht an der Vollendung des Werkes, das ich begann. Es tut mir leid, Dich zu verlassen; aber ich will zu den Weisen gehen, die mich die Wahrheit lehren können, und so den Pfad finden, um dem Übel zu entrinnen. Möge Dein Land Frieden und Wohlhabenheit genießen und Weisheit auf Dein Herrschertum sich ausgießen wie die Strahlen der Mittagssonne. Möge Deine königliche Macht stark und die Gerechtigkeit das Szepter in Deiner Hand sein."

Da ergriff der König ehrfurchtsvoll Shakya-Munis Hand, beugte sich vor ihm und sprach: „Mögest Du dasjenige erlangen, was Du suchst, und wenn Du es erlangt hast, so bitte ich Dich, komme zurück und nimm mich als Deinen Schüler an."

Bodhisattwa schied von dem König in Freundschaft und Wohlwollen, und er nahm sich in seinem Herzen vor, ihm seinen Wunsch zu erfüllen.

IX.
Buddhas Suchen

Unter den Brahminen waren Arada und Udraka als Lehrer berühmt, und es gab damals niemanden, der sie an Gelehrsamkeit und philosophischem

Wissen übertraf. Bodhisattwa ging zu ihnen und setzte sich zu ihren Füßen. Er hörte ihre Lehren vom Atman oder dem Selbst, welches das Ego der Seele und das Tuende von allen Dingen ist. Er lernte ihre Ansichten über die Seelenwanderung und des Gesetzes des Karma; wie die Seelen von schlechten Menschen leiden müssten, indem sie in Menschen einer niedrigeren Klasse, in Tieren oder in der Hölle wiedergeboren würden; während diejenigen, welche sich durch Libationen und Opfer und Selbstabtötungen gereinigt hatten, Könige, Brahminen oder Devas würden und auf immer höhere Stufen des Daseins sich erhöben. Er studierte ihre Formeln und Zeremonien sowie die Methoden, durch welche sie während ekstatischen Zuständen Befreiung des Egos vom materiellen Dasein erlangten.

Arada sagte: „Was ist das Selbst, welches die Tätigkeiten der fünf Wurzeln der Seele, Gefühl, Geruch, Geschmack, Sehen und Hören, wahrnimmt? Was ist dasjenige, welches in den zwei Arten der Bewegung tätig ist, in den Händen und in den Füßen? Das Rätsel der Seele stellt sich vor in den Ausdrücken: „Ich sage", „Ich weiß und nehme wahr", „Ich komme und gehe" oder „Ich bleibe da". Deine Seele ist nicht Dein Körper, sie ist nicht Dein Auge, nicht Dein Ohr, nicht Deine Nase, nicht Deine Zunge noch Dein Geist. Das Ich ist der Riecher in der Nase, der Schmecker in der Zunge, der Seher im Auge, der Hörer im Ohr und der Denker im Geiste. Das Ich bewegt Deine Hände und Füße. Das Ich ist Deine Seele. Das Dasein der Seele zu bezweifeln, ist unreligiös, und wer diese Wahrheit nicht einsieht, für den gibt es keinen Weg zur Erlösung. Tiefes Grübeln verschleiert leicht die klare Einsicht und verursacht Verwirrung und Unglaube, aber die Reinigung der Seele bringt uns auf den Weg des Entrinnens. Die wahre Befreiung wird dadurch erlangt, dass man sich von der großen Menge zurückzieht, das Leben eines Einsiedlers führt und nur von Almosen lebt. Wenn wir alle Begierden verleugnen und mit Klarheit das Nichtvorhandensein der Materie erkennen, so erreichen wir einen Zustand völliger Leere. Hier finden wir die Bedingungen des nichtmateriellen Lebens. Wie das Monja-Gras, wenn es aus seiner hornigen Umhüllung freigemacht ist, oder wie der aus Gefangenschaft entronnene Vogel, so findet das Ego, wenn es sich von allen Beschränkungen freigemacht hat, vollkommene Freiheit. Dies ist die wahre Erlösung, aber nur diejenigen, welche tiefen Glauben haben, werden lernen."

Bodhisattwa fand keine Befriedigung in diesen Lehren. Er antwortete: „Die Menschen sind in Knechtschaft, weil sie noch nicht die Vorstellung des Ichs entfernt haben. Das Ding und dessen Eigenschaften sind in unserem Denken, aber nicht in der Wirklichkeit von einander verschieden. Hitze ist in unserer Vorstellung vom Feuer verschieden; aber in Wirklichkeit kann man die Hitze vom Feuer nicht trennen. Du sagst, dass Du die Eigenschaften wegnehmen und das Ding (an sich) bestehen lassen kannst; wenn Du aber Deine Theorie bis zum Ende verfolgst, so wirst du sehen, dass dies nicht so ist. Ist nicht der Mensch ein sehr zusammengesetzter Organismus? Bestehen wir nicht aus verschiedenen Skandhas (Elemente oder Eigenschaften – Tattwas), wie unsere Weisen sie nennen? Der Mensch besteht aus der materiellen Form, aus Empfindung, Gedanken, Neigungen und schließlich Verstand. Dasjenige, was man das Ego nennt, wenn man sagt: „Ich bin", ist nicht ein Wesen, das hinter den Skandhas steht; es wird durch das Zusammenwirken der Skandhas erzeugt. Da ist Seele, Empfindung, Gedanke, und da ist Wahrheit, und Wahrheit ist Seele, wenn sie auf dem Pfade der Gerechtigkeit wandelt. Aber da ist kein besonderes Seelen-Ich, außerhalb oder hinter dem Gedanken des Menschen. Wer glaubt, dass das Ego ein (von seiner Natur) verschiedenes Ding ist, der hat nicht die richtige Vorstellung von der Natur der Dinge. Schon das Suchen nach Atman ist unrecht; man geht dabei von falschen Vorstellungen aus und wird in eine falsche Richtung geführt.

Wie viel Verwirrung des Denkens kommt von unserem Interesse in (unser) Selbst und von unserer Eitelkeit, wenn wir denken: „Ich bin so groß!" oder „Ich habe dieses erstaunliche Werk vollbracht!" Die Vorstellung von unserem Ich steht zwischen unserer rationellen Natur und der Wahrheit; verbanne sie, und Du wirst dann die Dinge sehen, so wie sie in Wirklichkeit sind. Wer richtig denkt, wird sich aus Unwissenheit befreien und Weisheit erlangen. Die Ideen: „Ich bin" und „Ich werde sein" oder „Ich werde nicht sein" finden keinen Platz in einem klaren Denker. Überdies, wenn Dein Ego zurückbleibt, wie kannst Du wahre Befreiung erlangen? Wenn das Ego in irgendeiner der drei Welten wiedergeboren werden muss, sei es auf Erden, in der Hölle oder selbst im Himmel, so wird uns immer wieder das unvermeidliche Schicksal des Daseins treffen, und wir werden in Selbstsucht und Sünde verwickelt werden. Alles Zusammengesetzte ist dem Getrenntwerden unterworfen, und wir können dem Geborenwerden, Krankheit, Greisenalter und Tod nicht entgehen. Ist dies ein gänzliches Entrinnen?"

Udraka sprach: „Siehst Du Dich nicht von den Wirkungen des Karma umgeben? Was macht die Menschen in Charakter, Stellung, Besitz und

Schicksal voneinander verschieden? Es ist ihr Karma, und das Karma schließt Verdienst und Schuld in sich ein. Die Wanderung der Seele ist durch ihr Karma bedingt. Von früheren Daseinsperioden erben wir die bösen Wirkungen unserer bösen Taten und die guten Wirkungen unserer guten Taten. Wäre dies nicht so, wie könnte es anders sein?"

Der Tathagata dachte tief über die Probleme der Seelenwanderung und das Karma nach und fand die darin enthaltene Wahrheit.

„Die Lehre vom Karma", sprach er, „kann nicht geleugnet werden; denn jede Wirkung hat ihr Ursache. Was man sät, das wird man ernten, und was wir ernten, muss im früheren Leben gesät worden sein. Ich sehe, dass die Wanderungen der Seele dem Gesetze von Ursache und Wirkung unterworfen sind; denn die Schicksale der Menschen sind von ihnen selber geschaffen; aber ich sehe keine Wirkung des Ich's.

Ist nicht diese meine Individualität eine Zusammensetzung materieller sowohl als geistiger Natur? Ist sie nicht aus Eigenschaften zusammengesetzt, die durch eine stufenweise Entwicklung ins Dasein kamen? Die fünf Wurzeln der Sinneswahrnehmungen in diesem Organismus stammen von den Vorfahren, welche diese Funktionen ausübten. Die Ideen, welche ich denke, kamen zu mir teils von anderen, die dieselben gedacht haben, und teils entstehen sie aus Zusammensetzungen von solchen Ideen in meinem eigenen Geiste. Diejenigen, welche dieselben Sinnesorgane brauchten und dieselben Ideen dachten, ehe ich in diese meine Individualität zusammenwuchs, sind meine früheren Existenzen; sie sind ebensosehr meine Vorfahren, als mein Ich von gestern der Vater des Ichs ist, welches ich heute bin, und das Karma meiner vergangenen Taten bedingt das Schicksal meines gegenwärtigen Daseins.

Nehmen wir an, es gäbe einen Atman (Selbst), welcher die Tätigkeiten der Sinne ausübt, so würde daraus folgen, dass, wenn die Tür des Sehens niedergerissen und das Auge herausgenommen wäre, der Atman durch die dadurch vergrößerte Öffnung blicken und die Formen in seiner Umgebung noch besser sehen könnte als vorher. Er könnte dann Töne besser hören, wenn die Ohren entfernt würden, besser riechen, wenn man die Nase abschnitte, besser schmecken, wenn die Zunge herausgerissen wäre, und besser fühlen, wenn der Körper zerstört wäre.

Ich erkenne die Erhaltung und das Wandern der Seele, ich erkenne die Wahrheit des Karma, aber ich sehe keinen Atman, welcher euren Lehren gemäß der Vollbringer eurer Taten sein soll; denn dieser Atman, dieses Selbst, dieses Ego in „Ich sage" und „Ich will" ist eine Täuschung. Wäre dieses (sogenannte) Selbst eine Wirklichkeit, wie könnte es da ein Entrinnen aus der Selbstheit geben? Die Schrecken der Hölle würden ohne Ende sein, und es gäbe keine Erlösung. Die Leiden unseres Daseins würden dann nicht aus unserer Unwissenheit und Sünde entspringen, sondern der wesentliche Teil unseres Wesens sein."

Und Bodhisattwa ging zu den Priestern, die in den Tempeln walteten. Aber das Herz des mitleidsvollen Shakya-Muni empörte sich, als er die unnötigen Grausamkeiten sah, welche an den Altären der Götter verübt wurden, und er sprach:

„Nur aus Unwissenheit bereiten diese Leute Festlichkeiten und veranstalten große Versammlungen, um Opfer zu bringen. Viel besser wäre es, der Wahrheit die Ehre zu geben, als zu versuchen, die Götter durch Blutvergießen zu versöhnen. Was für eine Liebe kann ein Mensch haben, der sich einbildet, dass die Zerstörung von lebenden Geschöpfen eine Sühne für Übeltaten sei? Kann man durch eine neue Übeltat böse Taten abbüßen? Können die Sünden der Menschheit dadurch hinweggenommen werden, dass man ein schuldloses Opfer schlachtet? Dies ist eine Ausübung der Religion auf Kosten der Moral.

Reinigt eure Herzen, und tötet nicht. Dies ist die wahre Religion, Zeremonien bewirken nichts; Gebete sind leere Worte; Singen und Plärren kann uns nicht retten. Aber die Habsucht und Geilheit aufzugeben, frei von bösen Leidenschaften zu werden, allen Hass und alles Übelwollen zu verlassen, dies ist die wahre Opferung und der richtige Gottesdienst."

X.
Uruvilva, der Ort der Abtötung

Bodhisattwa ging, um ein besseres System zu finden, und kam zu einer Niederlassung von fünf Bhikshus (Bettelmönchen) in der Wildnis von Uruvilva, und als der Gesegnete das Leben dieser fünf Menschen sah, welche ihre Sinne tugendhaft im Zügel hielten, ihre Leidenschaften unterdrückten und strenge Selbstzucht übten, da bewunderte er ihren Eifer und gesellte sich ihnen bei. Mit heiligem Ernst und starkem Willen gab Shakya-Muni sich der Abtötung und weisem Nachdenken hin. So streng auch die fünf Bhikshus mit sich selbst verfuhren, Shakya-Muni verfuhr noch strenger, und sie verehrten ihn als ihren Meister. Auf diese Weise fuhr

Bhodhisattwa sechs Jahre lang fort, sich zu martern und die Ansprüche seiner Natur zu unterdrücken. Er erzog seinen Körper und übte seinen Geist in allen Arten des strengsten asketischen Lebens. Schließlich aß er nur mehr täglich einen Hanfsamen. Er strebte, den Ozean der Geburt und des Todes zu kreuzen und an dem Ufer der Erlösung anzugelangen. Bodhisattwa war zusammengeschrumpft und mager geworden, und sein Körper war wie ein dürrer Ast; aber der Ruf seiner Heiligkeit verbreitete sich in der Umgebung, und die Leute kamen von großer Ferne, um ihn zu sehen und seinen Segen zu empfangen. Aber der Heilige war nicht zufrieden. Er suchte nach wahrer Weisheit, fand sie aber nicht, und er kam zu der Überzeugung, dass die Abtötung die Begierde nicht auslöschen und Aufklärung durch ekstatische Meditation verleihen könne. Unter einem Jambu-Baume sitzend betrachtete er den Zustand seines Gemüts und die Früchte seiner Abtötung.

„Mein Körper ist immer schwächer geworden", so dachte er, „und mein Fasten hat mich in meinem Suchen nach Erlösung nicht weitergebracht. Dies ist nicht der rechte Weg. Besser wäre es, durch Nahrung und Trank meinen Körper zu kräftigen und dadurch den Geist zu befähigen, sich zu sammeln."

Er ging, um sich im Flusse zu baden; als er aber aus dem Wasser herausgehen wollte, war er zu schwach, um sich zu erheben. Er ergriff den überhängenden Zweig eines Baumes, zog sich daran empor und kam aus dem Flusse heraus. Als er nach seiner Wohnung zurückkehrte, schwankte er und fiel auf dem Weg nieder, und die fünf Bhikschus glaubten, er sei tot.

In der Nähe wohnte ein Besitzer von Viehherden, dessen älteste Tochter den Namen Nanda führte, und es geschah, dass Nanda an dem Orte vorüberging, wo der Gesegnete in Ohnmacht gefallen war. Sie beugte sich vor ihm nieder und bot ihm Reismilch, und er nahm das Geschenk an. Als er gegessen hatte und seine Glieder erfrischt waren, da wurde sein Geist wieder klar, und er wurde stark zur Empfängnis der höchsten Erleuchtung.

Nach dieser Begebenheit nahm Bodhisattwa wieder Nahrung zu sich. Seine Schüler, welche die Begegnung mit Nanda gesehen hatten und die Änderung seiner Lebensweise bemerkten, schöpften Verdacht. Sie glaubten, dass Siddharthas religiöser Eifer schwankend geworden wäre und dass er, den sie vorher als ihren Meister verehrt hatten, seinem hohen Ziele abtrünnig geworden sei. Als Bodhisattwa sah, dass die Bhikschus sich von ihm abwandten, da bedauerte er ihren Mangel an Vertrauen, und er wurde die Einsamkeit seines Lebens gewahr. Er unterdrückte seinen Schmerz und ging allein hinweg; aber seine Schüler sagten: „Siddhartha verlässt uns, um einen angenehmeren Aufenthalt zu suchen."

XI.

Mara, der Böse

Der Heilige Eine wandte seine Schritte nach dem gelobten Bodhi-Baum (Baume der Weisheit), unter dessen Schatten seine Hoffnung erfüllt werden sollte. Als er dahinschritt, bebte die Erde, und ein strahlendes Licht verklärte die Welt. Als er sich niederließ, erklang der Himmel von Freude, und alle lebenden Wesen wurden mit Hoffnung erfüllt.

Mara allein nur, der Herr der fünf Lüste, der Bringer des Todes und der Feind der Wahrheit, trauerte und freute sich nicht. Mit seinen drei Töchtern, den Versuchern und mit seinen Scharen von bösen Dämonen ging er hin zu dem Orte, wo der große Shramana saß. Aber Shakya-Muni kümmerte sich nicht um ihn. Mara stieß furchtbare Drohungen aus und rief einen Wirbelsturm hervor, so dass sich der Himmel verdunkelte und das Meer brüllte und tobte. Aber der Gesegnete unter dem Bodhi-Baum blieb ruhig und fürchtete sich nicht. Der Erleuchtete wusste, dass ihm kein Unheil zugefügt werden konnte.

Die drei Töchter von Mara versuchten den Bodhisattwa, aber er gab ihnen kein Gehör, und als Mara sah, dass er in dem Herzen des siegreichen Shramana das Feuer der Lust nicht entzünden konnte, da befahl er allen seinen ihm untergebenen bösen Geistern, den großen Muni anzugreifen und ihn einzuschüchtern. Aber der Gesegnete sah auf dieselben herab, als wie man den unschuldigen Spielen der Kinder zusieht. Aller feurige Hass der bösen Geister fruchtete nichts. Die Flammen der Hölle verwandelten sich in kühle Lüfte voll Wohlgeruch, und die zuckenden Blitze wurden in Lotusblumen verwandelt. Als Mara das sah, entfloh er mit seinen Heeren aus dem Bereiche des Bodhi-Baumes. Von oben fiel ein Regen von himmlischen Blumen, und die Stimmen von unsichtbaren guten Geistern wurden gehört: „Siehe den großen Muni! Sein Gemüt wird vom Zorne nicht bewegt; die Schar der Bösen hat ihm keine Furcht eingeflößt. Er ist rein, weise, liebend und voll von Barmherzigkeit. Wie die Strahlen der Sonne das Dunkel der Welt zerstreuen, so wird derjenige, welcher in seinem Suchen ausharrt, die Wahrheit finden, und die Wahrheit wird ihn erleuchten.“

XII.
Die Erleuchtung

Nachdem Bodhisattwa Mara vertrieben hatte, gab er sich dem Nachdenken hin. Alle Schmerzen der Welt, die Übel, welche böse Taten verursachen, und die Leiden, welche daraus entspringen, gingen an seinem geistigen Auge vorüber, und er dachte: „Wahrlich, wenn die lebenden Kreaturen die Folgen von ihren bösen Taten sehen würden, so würden sie sich mit Ekel von diesen Taten abwenden; aber die Selbstheit macht sie blind, und sie klammern sich an ihre schädlichen Neigungen. Sie sind nach Vergnügungen begierig, und diese verursachen Leiden. Wenn der Tod ihre Individualität zerbricht, so finden sie keinen Frieden. Ihr Durst nach Dasein bleibt, und ihre Selbstheit erscheint in neuen Geburten. So fahren sie fort, sich in dem Knäuel zu bewegen, und können aus der Hölle, die sie selbst machen, kein Entrinnen finden. Und wie leer sind alle ihre Vergnügungen, wie nichtig ist ihr Bestreben! Hohl wie der Platanenbaum und gleich Seifenblasen ohne Inhalt.

Diese Welt ist voll von Sünde und Sorge, weil sie voll Irrtum ist. Die Menschen verirren sich, weil sie meinen, dass Täuschung besser als Wahrheit ist. Lieber als der Wahrheit folgen sie dem Irrtum, welcher im Anfange lieblich anzusehen ist, aber Qual, Trübsal und Elend verursacht.“

Und Bodhisattwa fing an, Dharma (das Gesetz) zu erklären. Dharma ist die Wahrheit. Dharma ist das heilige Gesetz (des Geistes in der Natur). Dharma ist die (wahre) Religion. Dharma allein kann uns von Irrtum, Sünde und Trübsal befreien.

Der Erleuchtete dachte über den Ursprung des Geborenwerdens nach und erkannte, dass die Unwissenheit die Wurzel alles Übels ist. Folgendes sind die Glieder der Kette in der Entwicklung des Lebens, welche man die zwölf Nidanas nennt: „Im Anfange ist das Dasein blind, und in diesem Meere von Unwissenheit sind bildende und organisierende Neigungen. Aus diesen bildenden und organisierenden Neigungen (Instinkten oder Gelüsten) entsteht Wahrnehmung oder Gefühl. Die Gefühle erzeugen Organismen, welche individuelle Wesen darstellen. Diese Organismen entwickeln die sechs „Felder“, nämlich die fünf Sinne und das Gemüt. Die sechs „Felder“

kommen in Berührung mit Dingen. Die Berührung erzeugt Empfindung. Die Empfindung erzeugt den Durst nach individuellem Dasein. Der Durst nach Dasein erzeugt ein Anhängen an die Dinge. Dieses Anhängen verursacht Wachstum und Fortsetzung der Selbstheit. Die Selbstheit erzeugt erneute Geburten. Die erneuten Geburten der Selbstheit sind die Ursache des Leidens, des Alters, der Krankheiten und des Todes. Diese verursachen Klagen, Angst und Verzweiflung.

Die Ursache von allem Leiden liegt ganz am Anfange; sie ist in der Unwissenheit verborgen, aus welcher das Leben erwächst. Entferne die Unwissenheit, und du wirst die verkehrten Neigungen zerstören, welche aus der Unwissenheit entstehen. Zerstöre diese Neigungen, und du machst die verkehrte Wahrnehmung verschwinden, welche aus ihm entspringt. Zerstöre diese falsche Wahrnehmung, und du machst den Irrtümern in individualisierten Wesen ein Ende. Zerstöre die Irrtümer in den individualisierten Wesen, so sind die Täuschungen der sechs „Felder" nicht mehr da. Zerstöre die Täuschungen, so wird die Berührung mit Dingen keine falschen Begriffe mehr erzeugen. Zerstöre die falschen Begriffe, so schaffst du den Durst nach (individuellem oder beschränktem) Dasein fort. Lösche diesen Durst aus, so wirst du frei von allem krankhaften Anhängen sein. Entferne dieses Anhängen, so zerstörst du die Selbstsucht der Selbstheit. Wenn die Selbstsucht der Selbstheit verschwunden ist, so bist du erhaben über das Geborenwerden, über Alter, Krankheit und Tod, und du entrinnst allen Leiden."

Der Erleuchtete sah die **vier** hohen Wahrheiten, welche den Weg umgaben, der zum Nirwana oder der Selbstaufopferung führt: „Die **erste** hohe Wahrheit ist das Dasein des Leidens. Das Geborenwerden ist traurig, das Aufwachsen voller Sorgen, Krankheit ist traurig, und traurig ist der Tod. Betrübend ist es, an dasjenige gebunden zu werden, was man nicht mag. Noch betrübender ist die Trennung von dem, was man liebt, und schmerzhaft ist die Sehnsucht nach dem, was man nicht haben kann."

„Die **zweite** große Wahrheit ist die Ursache des Leidens. Die Ursache des Leidens ist die Lust. Die umgebende Welt wirkt auf die Empfindung und erzeugt ein brennendes Verlangen, welches nach schneller Befriedigung schreit. Die Täuschung des Selbsts hat ihren Ursprung und ihre Offenbarung in dem Hängen an Dingen. Die Begierde, zu leben, um sich der Selbstheit zu erfreuen, verwickelt uns in ein Netz von Leiden. Vergnügungen sind der Köter, und das Ende ist Schmerz."

„Die **dritte** hohe Wahrheit ist das Aufhören des Leidens. Wer sich selbst überwindet, wird frei von Lust. Er verlangt nichts mehr, und die Flamme der Begierde findet keine Nahrung in ihm. So wird sie ausgelöscht werden."

„Die **vierte** große Wahrheit ist der achtfache Weg, der zum Aufhören des Leidens führt. Die Erlösung ist für denjenigen da, dessen Selbstheit vor der Wahrheit (Wirklichkeit) verschwindet, dessen Wille auf dasjenige gerichtet ist, was er tun soll, dessen ganzer Wunsch die Erfüllung seiner Pflicht ist. Wer weise ist, wird diesen Pfad betreten und dem Leiden ein Ende machen. Der achtfache Weg ist:

1. Das richtige Verständnis.	2. Der richtige Entschluss.
3. Richtige (wahre) Sprache.	4. Richtiges Tun.
5. Richtige Lebensweise.	6. Richtige Bemühung.
7. Richtiges Denken.	8. Der richtige Zustand eines ruhigen Gemüts.

Dies ist das Dharma. Dies ist die Wahrheit. Dies ist die Religion. Und der Erleuchtete sprach folgenden Vers:

„Lange bin ich umhergewandert, lange!
Gebunden durch die Kette des Verlangens,
In vielen Geburten suchte ich lange und vergebens,
Woher die Unruhe im Menschen kommt;
Woher seine Selbstsucht und seine Qual?
Schwer zu tragen ist Samsara,
Wenn Schmerz und Tot uns umringen.
Gefunden! Jetzt ist sie gefunden,
Die Ursache der Selbstheit.
Nicht länger mehr sollst du ein Haus für mich bauen;
Zerbrochen ist das Gerüste der Sünde,
Der Schlussbalken der Sorge ist zertrümmert,
Mein Gemüt ist in Nirwana eingegangen,
Das Ende der Begierden ist endlich erreicht.

Da ist das Selbst, und da ist die Wahrheit. Wo das Selbst ist, da ist die Wahrheit nicht. Wo die Wahrheit ist, da ist kein Selbst vorhanden. Das Selbst ist der vergängliche Irrtum des Samsara, seine individuelle Sonderheit und der Egoismus, welcher Neid und Hass gebiert. Das Selbst ist das Streben nach Lust und die Begierde nach dem Vergänglichen. Die Wahrheit ist das richtige Verständnis der Dinge, es ist das Dauernde und Unvergängliche, das Wirkliche in allem Dasein, die Seligkeit der Rechtschaffenheit.

Das Vorhandensein des Selbsts ist eine Täuschung, und es gibt kein Unrecht in der Welt, kein Laster, keine Sünde, die nicht der Bejahung der Selbstheit entspringt. Die Erlangung der Wahrheit ist nur dann möglich, wenn das Selbst als eine Täuschung erkannt wird. Gerechtigkeit kann erst dann ausgeübt werden, wenn wir uns von der Leidenschaft des Selbstwahns befreit haben. Vollkommener Friede kann nur dort herrschen, wo alle Eitelkeit verschwunden ist. Selig ist derjenige, welcher das Dharma begriffen hat. Selig ist derjenige, welcher seinen Mitgeschöpfen kein Unrecht tut. Selig ist derjenige, welcher die Sünde besiegt und frei von Leidenschaft ist. Die höchste Seligkeit hat derjenige erlangt, welcher alle Selbstsucht und Eitelkeit überwunden hat. Er ist Buddha geworden, der Selige, der Heilige Eine.

XIII.
Die ersten Bekehrungen

Der Gesegnete verweilte in der Einsamkeit siebenmal sieben Tage und genoss die Seligkeit der Erlösung. Zu jener Zeit kamen zwei reisende Kaufleute, Tapussa und Bhallika, auf dem nahen Wege entlang, und als sie den großen Shramana voll Majestät und Frieden sahen, nahten sie sich ihm ehrfurchtsvoll und boten ihm Reiskuchen und Honig an. Dies war die erste Nahrung, welche der Erleuchtete zu sich nahm, seit er die Buddhaschaft erlangt hatte. Und Buddha sprach zu ihnen und zeigte ihnen den Weg zur Erlösung. Auf die beiden Kaufleute machte die Heiligkeit des Besiegers von Mara einen mächtigen Eindruck, sie beugten sich vor ihm und sprachen: „Wir nehmen unsere Zuflucht, Herr, in dem Gesegneten und in dem Dharma. Tapussa und Bhallika waren die ersten, welche Buddhas Laienschüler wurden.

XIV.
Brahmas Bitte

Als der Gesegnete die Buddhaschaft erlangt hatte, sprach er wie folgt: „Voll Seligkeit ist das Freisein vom Hasse. Segenvoll ist die Abwesenheit der Begierde und der Verlust des Stolzes, der aus dem Gedanken „Ich bin" entspringt. Ich habe die tiefste Wahrheit erkannt, welche erhaben ist und den Frieden gibt, aber schwer zu verstehen ist; denn die meisten Menschen bewegen sich in der Sphäre der weltlichen Interessen und finden ihr Glück in weltlichen Wünschen.

Der Weltmensch wird die Lehre nicht verstehen; für ihn gibt es keine andere Seligkeit als die, die in der Selbstheit liegt, und der Segen, der aus einem vollständigen Ergeben in die Wahrheit entspringt, ist für ihn unerfasslich. Er wird dasjenige Entbehrung nennen, was für den Erleuchteten die reinste Freude ist. Er sieht Vernichtung dort, wo man Unsterblichkeit findet. Er betrachtet dasjenige als Tod, was der Selbstüberwinder als ewiges Leben erkennt.

Die Wahrheit bleibt demjenigen verborgen, der in den Ketten des Hasses und der Begierde ist. Nirwana bleibt dem niedrig denkenden Gemüte, das mit weltlichen Interessen wie mit Wolken umgeben ist, unbegreiflich und geheimnisvoll. Würde ich die Lehre verkünden und die Menschen sie nicht begreifen, so brächte es mir nur Müdigkeit und Unannehmlichkeit . . ."

Da stieg Brahma Sahampati (die Weltseele) vom Himmel hernieder, bezeugte dem Gesegneten seine Verehrung und sprach: „Ach! Würde der Heilige, der Tathagata, sich entschließen, das Dharma nicht zu verkünden, so müsste die Welt zugrunde gehen. Sei gnädig jenen, die kämpfen; habe Mitleid mit den Leidenden, Erbarmen mit den Geschöpfen, die hoffnungslos in den Schlingen der Sorge verstrickt sind. Es gibt Wesen, die beinahe rein von dem Staube der Weltlichkeit sind. Wenn sie die Lehre nicht erhalten, so sind sie verloren; aber wenn sie dieselbe hören, werden sie glauben und erlöst werden."

Da sah der Gesegnete voll Barmherzigkeit mit dem Auge eines Buddha auf alle fühlenden Kreaturen hernieder, und er sah unter ihnen Seelen, welche nur wenig mit dem Staube der Welt bedeckt, von gutem Willen geleitet und leicht zu unterrichten waren. Er sah einige, die sich den Gefahren der Lust und Sünde bewusst waren. Und der Gesegnete sprach: „Weit offen sei das Tor der Unsterblichkeit allen, die Ohren zum Hören haben. Mögen sie das

Dharma mit Glauben empfangen."
Da wusste Brahma Sahampati, dass der Gesegnete die Bitte bewilligt hatte und die Lehre verkündigen werde.

Zweiter Teil:
Die Gründung des Reiches der Gerechtigkeit

XV.
Upaka

Nun dachte sich der Gesegnete: „Wem soll ich die Lehre zuerst verkünden? Meine alten Lehrer sind tot. Sie würden die neue Botschaft mit Freuden empfangen haben. Aber meine fünf Schüler sind noch am Leben. Ich werde zu ihnen gehen, und sie sollen die ersten sein, denen ich das Evangelium der Befreiung verkünden will."

Zu jener Zeit wohnten die fünf Bhikschus in dem Hirschpark bei Benares, und der Gesegnete, welcher die Erinnerung an die Unfreundlichkeit, die sie ihm erwiesen hatten, indem sie ihn zu einer Zeit verließen, als er Mitgefühl und Hilfe am nötigsten hatte, der Vergessenheit anheimgegeben hatte, und da die Entbehrungen, welche sich dieselben nutzlos auferlegten, sein Mitleid erregten, erhob er sich und wanderte zu ihnen.

Upaka, ein junger Brahmine, und Jain, der ein früherer Bekannter von Siddhartha gewesen war, sah den Gesegneten, als er nach Benares reiste; er war erstaunt über die Majestät und den erhabenen Frohsinn, die in ihm ausgeprägt waren, und sagte: „Dein Angesicht ist ruhevoll, Deine Augen strahlen und sprechen von Reinheit und Seligkeit."

Der heilige Buddha antwortete: „Ich habe durch die Auslöschung meiner Selbstheit die Freiheit erlangt. Mein Körper ist keusch geworden, mein Gemüt frei von Begierden, und die tiefste Wahrheit ist in meinem Herzen eingezogen. Ich habe Nirwana erlangt, und dies ist der Grund, dass mein Angesicht ruhevoll ist und meine Augen strahlen. Ich will jetzt das Königreich der Wahrheit auf Erden gründen, um allen, die in Dunkel gehüllt sind, Licht zu verschaffen und den Menschen das Tor der Unsterblichkeit öffnen."

Upaka antwortete: „Du behauptest denn, mein Freund, dass Du Jiva, der Überwinder der Welt, seiest, der absolute und heilige Eine?"

Der Gesegnete sprach: „Jiva sind alle diejenigen, welche sich selbst und die Leidenschaften des Selbsts überwunden haben. Nur diejenigen sind Sieger, welche ihr Gemüt beherrschen und die Sünde vermeiden. Deshalb, Upaka, bin ich der Jiva."

Aber Upaka schüttelte den Kopf. „Ehrwürdiger Gautama", sprach er, „dort hinaus führt Dein Weg."

So sprechend, schlug er eine andere Richtung ein und ging hinweg.

XVI.
Die Predigt in Benares

Die fünf Bhikschus sahen ihren früheren Lehrer nahen, und beschlossen unter sich, ihn nicht zu begrüßen, noch ihn „Meister" zu nennen, sondern ihn bloß mit seinem Namen anzureden.

„Denn", sagten sie, „er hat sein Gelübde gebrochen und seine Heiligkeit aufgegeben. Er ist kein Bhikschu, sondern Gautama, und Gautama ist ein Mensch geworden, der im Überfluss lebt und sich den Lustbarkeiten der Welt überlässt."

Aber als der Gesegnete in würdevoller Haltung näher kam, da erhoben sie sich unwillkürlich von ihren Sitzen und grüßten ihn trotz ihres Übereinkommens. Aber sie nannten ihn bei seinem Namen und hießen ihn „Freund".

Als sie den Gesegneten auf diese Weise empfingen, sprach er zu ihnen: „Nennt den Tathagata nicht bei seinem (weltlichen) Namen und heißt ihn nicht „Freund"; denn er ist Buddha, der Heilige. Buddha sieht mit gleich wohlwollendem Herzen auf alle lebenden Wesen herab, und deshalb nennen sie ihn „Vater". Es ist unrecht, einem Vater die schuldige Ehrfurcht zu verweigern; ihn zu verachten, ist Sünde. Der Tathagata", fuhr Buddha fort, „sucht sein Heil nicht in Kasteiungen, aber ihr müsst deshalb nicht denken, dass er in weltlichen Lustbarkeiten schwelgt oder im Überflüsse lebt. Der Tathagata hat die Mittelstraße gefunden. Weder die Enthaltsamkeit von Fisch und Fleisch, noch das Nacktsein, noch der geschorene Kopf, noch das Tragen von geflochtenem Haar oder die Kutte, auch nicht das Anschmieren mit Schmutz oder dem Feuer (Agni) zu opfern, reinigt einen Menschen, der nicht frei von Selbsttäuschungen ist. Zorn, Betrunkenheit, Eigensinn, Frömmelei, Betrug, Neid, Selbstlob, Herabsetzung anderer, Hochmut und böse Absichten, darin besteht die Unreinigkeit; wahrlich nicht aber im Fleischessen.

Lasst mich, o Bhikschus, Euch den **Mittelweg** lehren, der **beiden Extremen** ferne liegt. Durch Quälereien verursacht der abgemagerte Fromme Verwirrung und krankhafte Vorstellungen in seinem Gemüt. Die

Abtötung ist schon für weltliches Wissen nutzlos, um wieviel weniger kann man damit über die Sinne triumphieren!

Wer seine Lampe mit Wasser füllt, der wird die Dunkelheit damit nicht zerstreuen, und wer ein Feuer mit faulem Holze zu machen versucht, dem wird es misslingen.

Selbstquälereien sind schmerzhaft, vergeblich und nutzlos. Wie könnte jemand vom Selbst frei werden, indem er ein elendes Leben führt, wenn es ihm nicht gelingt, die Feuer der Lust auszulöschen?

Alles Abtöten ist vergebens, solange als das Selbst dableibt, solange das Selbst fortfährt, entweder nach weltlichen oder himmlischen Genüssen zu trachten; aber derjenige, in welchem das Selbst ausgetilgt worden ist, wird weder nach weltlichen noch nach himmlischen Schwelgereien verlangen, und die Befriedigung der Bedürfnisse seiner Natur erniedrigt ihn nicht. Lasst ihn essen und trinken, je nachdem es sein Körper bedarf.

Wasser umgibt die Lotusblüte, aber es macht deren Staubfäden nicht nass. Andererseits wirkt jede Art von Sinnlichkeit entnervend. Der sinnliche Mensch ist ein Sklave seiner Leidenschaften und Genusssucht ist erniedrigend und gemein. Aber die Bedürfnisse des Lebens zu befriedigen, ist nicht sündhaft. Es ist eine Pflicht, den Körper in guter Gesundheit zu erhalten; denn sonst sind wir nicht imstande, die Lampe der Weisheit in Ordnung zu halten und geistige Kraft und Klarheit zu haben. Dies ist die **Mittelstraße,** o Bhikschus, die **beiden Extremen (der linken wie der rechten Seite)** ferne liegt."

Und der Gesegnete sprach freundlich mit seinen Schülern; er bemitleidete sie wegen ihrer Irrtümer und zeigte ihnen die Nutzlosigkeit ihrer Versuche, und das Eis des Übelwollens, welches ihre Herzen erstarren machte, schmolz unter der milden Wärme seiner Unterredung. Nun setzte der Gesegnete das Rad des höchst ausgezeichneten Gesetzes in Bewegung, und er fing an, den fünf Bhikschus zu predigen; er öffnete denselben das Tor der Unsterblichkeit und zeigte ihnen die Seligkeit Nirwanas. Und als der Gesegnete seine Predigt begann, da ging ein Freudenschauer durch das ganze Universum. Die Devas verließen ihre himmlischen Wohnungen, um die Süßigkeit der Wahrheit zu vernehmen; die Heiligen, welche vom Leben abgeschieden waren, versammelten sich um den großen Lehrer, um die frohe Botschaft zu hören. Sogar die Tiere der Erde fühlten den Segen, welcher auf den Worten Tathagatas ruhte und alle Geschöpfe, die ganze Schar von fühlenden Wesen, Göttern, Menschen, Tieren, welche die Botschaft von der Erlösung hörten, empfingen und verstanden sie, jedes in seiner eigenen Sprache.

Buddha sprach:

„Die Speichen des Rades sind die Regeln für gutes Betragen, Gerechtigkeit. Die Einheit von deren Längen ist die Gerechtigkeit, der Reif ist die Weisheit, Bescheidenheit und Einsicht sind die Nabe, in welcher die Achse der Wahrheit befestigt ist.

Wer das Dasein des Leidens, dessen Ursache, dessen Heilung und dessen Aufhören erkennt, der hat die vier hohen Wahrheiten ergründet. Er wird auf dem rechten Wege wandeln.

Richtige Anschauungen werden die Fackeln sein, die auf seinem Wege leuchten; richtige Vorsätze sind seine Führer. Richtige Worte werden seine Wohnungen auf dem Wege sein. Er wird aufrecht wandeln, denn sein Benehmen ist recht. In dem rechten Wege seinen Unterhalt zu gewinnen, wird er eine Erfrischung finden. Seine Schritte bestehen in seinen richtigen Bemühungen, sein Atem in seinen rechten Gedanken, und der Friede wird seinen Fußstapfen folgen."

Der Gesegnete erklärte die Unbeständigkeit des „Ichs": „Alles, was einen Ursprung hat, wird wieder aufgelöst werden. Alles sich um das Selbstbekümmern ist nutzlos. Das Ich ist wie eine Luftspiegelung, und alle Trübsale, welche es berühren, werden vergessen. Sie werden verschwinden wie ein Alp, wenn der Schläfer erwacht. Wer erwacht ist, ist frei von Furcht; denn er ist Buddha geworden; er kennt die Torheit aller seiner Sorgen, seiner Bestrebungen und auch seiner Leiden.

Ein Mensch kam aus dem Bade und trat auf einen nassen Strick, und glaubte, es sei eine Schlange. Entsetzen kam über ihn, er zitterte vor Furcht und in seiner Seele empfand er bereits im voraus alle die Todesschmerzen eines giftigen Bisses. Welch eine Erleichterung erfährt dieser Mensch, wenn er sieht, dass es keine Schlange ist. Die Ursache seines Schreckens liegt in seinem Irrtum, in seiner Unwissenheit, seiner Täuschung. Wenn man die wahre Natur des Strickes erkennt, so kommt die Seelenruhe zurück, man fühlt sich erleichtert; man ist freudig und glücklich. Dies ist der Seelenzustand desjenigen, der erkannt hat, dass es kein wirkliches Selbst gibt, und dass die Ursache von allen seinen Mühen, Sorgen und Eitelkeiten eine Luftspiegelung ist, ein Schatten, ein Traum.

Selig ist, wer alle Selbstsucht überwunden hat; selig ist, wer den Frieden errungen hat; selig ist, wer die Wahrheit gefunden. Die Wahrheit ist edel und süß, die Wahrheit kann uns von allem Übel erlösen. Es gibt keinen anderen Erlöser in der Welt, als die Wahrheit. Habt Vertrauen in die

Wahrheit, wenn ihr auch nicht fähig seid, sie zu begreifen; wenn ihr auch denkt, dass ihre Seligkeit bitter sei, und wenn ihr auch im Anfange vor ihr zurückschreckt. Vertrauet der Wahrheit. Die Wahrheit ist am besten so wie sie ist. Niemand kann sie ändern, noch kann sie von jemand verbessert werden. Setzet euren Glauben in die Wahrheit und lebt sie. Irrtümer leiten irre; Täuschungen erzeugen Leiden. Sie berauschen wie starke Getränke, aber sie schwinden bald dahin und lassen dich krank und angeekelt zurück.

Das Selbst ist ein Fieber; das Selbst ist eine vorübergehende Erscheinung, ein Traum; aber die Wahrheit ist gesund, die Wahrheit ist erhaben, die Wahrheit dauert ewig. Es gibt keine andere Unsterblichkeit als in der Wahrheit; denn nur die Wahrheit bleibt immerdar."

Und als die Lehre erklärt war, da erkannte der ehrwürdige Kanndinya, der Älteste unter den fünf Bhikschus, die Wahrheit mit dem Auge des Geistes, und er sprach: „Wahrlich, o Buddha, unser Herr! Du hast die Wahrheit gefunden!"

Und die Devas und Heiligen, und alle die guten Geister der vorangegangenen Geschlechter, welche Tathagatas Predigt gehört hatten, nahmen voll Freude die Lehre auf, und riefen: „Wahrlich, der Gesegnete hat das Reich der Gerechtigkeit gegründet. Der Gesegnete hat die Erde bewegt; er hat das Rad der Wahrheit ins Laufen gebracht, und niemand im Weltall, er sei gut oder böse, kann es jemals zurückdrehen. Das Reich der Wahrheit wird auf der Erde verkündet werden, es wird sich ausbreiten, und Gerechtigkeit, Wohlwollen und Friede werden unter den Menschen herrschen.

XVII.
Sangba (die „Kirche")

Nachdem Buddha die fünf Bhikschus auf die Wahrheit hingewiesen hatte, sprach er: „Wenn ein Mensch, der sich entschlossen hat, der Wahrheit zu gehorchen, auf sich allein angewiesen steht, und schwach ist, so kann er in seine alten Irrtümer zurückfallen. Stehet deshalb zusammen, seid einander behilflich und unterstützt euch gegenseitig in euren Bemühungen. Seid gegen einander wie Brüder, eins in der Liebe, eins in der Heiligkeit, eins in eurem Eifer für die Wahrheit. Verbreitet die Wahrheit und verkündet die Lehre in allen vier Teilen der Welt, damit am Ende alle lebenden Geschöpfe

Bürger des Reiches der Gerechtigkeit werden. Dies ist die heilige Verbrüderung; dies ist die Kirche Buddhas; dies ist der Sangha, welcher eine Gemeinschaft zwischen allen denjenigen herstellt, welche ihre Zukunft in Buddha nehmen."

Und Kanndinya war der erste Schüler Buddhas, welcher die Lehre des Heiligen völlig begriff, und Tathagata sah in sein Herz und sprach: „Wahrlich, Kanndinya hat die Wahrheit begriffen."

Deshalb erhielt der ehrwürdige Kanndinya den Namen „Ajnyata-Kanndinya; das heißt Kanndinya, welcher die Lehre verstanden hat."

Dann sprach der ehrwürdige Kanndinya zu Buddha und sagte: „Herr! Lass uns die Weihe von dem Gesegneten empfangen."

Und Buddha sagte: „Kommt, o Bhikschus! Die Lehre ist richtig angegeben worden. Führt ein heiliges Leben zur Ausrottung des Leidens."

Dann sprachen Kanndinya und die anderen Bhikschus dreimal die folgenden feierlichen Gelübde: *„Ich richte meinen Glauben auf Buddha (die Wahrheit).* Er, der Vollkommene, ist heilig und unübertrefflich. Buddha bringt uns Unterricht, Weisheit und Rettung. Er ist der Gesegnete, welcher die Gesetze des Daseins kennt. Er ist der Herr der Welt, welcher die Menschen den Ochsen gleich unter sein Joch bringt; der Lehrer der Götter und Menschen, der erhabene Buddha. Ich richte meinen Glauben auf Buddha.

Ich richte meinen Glauben auf die Lehre. Gut wurde die Lehre von dem Erhabenen erklärt. Die Lehre wurde so geoffenbart, dass sie sichtbar geworden ist. Die Lehre ist über Raum und Zeit erhaben. Die Lehre ist nicht auf Hörensagen gegründet; sie bedeutet: „Komm und siehe." Die Lehre führt uns zum Wohlergehen; die Lehre wird von den Weisen in ihren eigenen Herzen erkannt. Ich richte meinen Glauben auf die Lehre.

Ich richte meinen Glauben auf die Gemeinschaft. Die Gemeinschaft der Schüler Buddhas unterrichtet uns in einem Leben voll Rechtschaffenheit. Die Gemeinschaft der Schüler Buddhas lehrt uns, Ehrlichkeit und Gerechtigkeit auszuüben; die Gemeinschaft der Schüler Buddhas lehrt uns, die Wahrheit zu befolgen. Sie ist eine Verbrüderung von Güte und Barmherzigkeit. Ihre Heiligen verdienen, geehrt zu werden. Die Gemeinschaft von Buddhas Schülern ist zum Zwecke einer heiligen Verbindung gegründet, in welcher die Menschen sich verpflichten, miteinander die Anforderungen der Rechtschaffenheit zu lehren und Gutes zu tun. Ich richte meinen Glauben auf die Gemeinschaft."

XVIII.

Yakschas, der Jüngling von Benares

Zu jener Zeit war in Benares ein edler Jüngling, namens Yakschas, der Sohn eines reichen Kaufmanns. Er grämte sich wegen der Trübsale dieser Welt, stand heimlich auf während der Nacht, und schlich sich hinweg, um den Gesegneten aufzusuchen. Der Gesegnete sah Yakschas, den edlen Jüngling, als er von ferne kam, und Yakschas nahte sich und rief aus: „Ach, welche Qual! Welcher Jammer!"

Der Gesegnete sprach zu Yakschas: „Es gibt keine Qual, es gibt keinen Jammer. Komm zu mir und ich will Dich die Wahrheit lehren, und die Wahrheit wird Deine Sorgen zerstreuen."

Und als Yakschas, der edle Jüngling, hörte, dass es keine Qual, keinen Jammer und Trübsal gäbe, da ward sein Herz beruhigt. Er ging hinein in den Ort, wo der Gesegnete war, und setzte sich in seine Nähe. Der Gesegnete predigte über Barmherzigkeit und Sittlichkeit. Er erklärte die Wesenlosigkeit der Begierden, deren Sündhaftigkeit und ihre Übel, und er wies auf den Weg der Erlösung hin. Da fühlte Yakschas anstatt des Ekels an der Welt den kühlenden Stern der heiligen Weisheit, und als er das reine und fleckenlose Auge der Wahrheit erlangt hatte, betrachtete er seine eigene Person, welche reichlich mit Perlen und kostbaren Steinen geschmückt war, und er schämte sich in seinem Herzen. Der Tathagata, welcher seine innerlichen Gedanken empfand, sprach: „Wenn auch deine Person mit Juwelen geschmückt ist, so kann doch das Herz die Sinne überwunden haben. Die äußere Form macht nicht die Religion und berührt nicht die Seele. Der Körper eines Shramana kann das Kleid eines Asketen tragen, und dennoch sein Geist in Weltlichkeit eingetaucht sein. Wer in einsamen Wäldern wohnt und dennoch nach weltlichen Dingen lüstet, der ist ein Weltlicher, und desgleichen kann ein Mensch, der weltliche Kleider trägt, sein Herz sich hoch zu himmlischen Gedanken aufschwingen lassen. Es ist kein Unterschied zwischen einem Laien und einem Eremiten, wenn beide den Gedanken an das Selbst verbannt haben."

Da der Gesegnete sah, dass Yakschas bereit war, den Pfad zu betreten, sprach er zu ihm: „Folge mir!"

Und Yakschas trat in die Brüderschaft ein, zog das gelbe Gewand an und empfing die Weihe. Während der Gesegnete und Yakschas sich über die Lehre besprachen, ging Yakschas Vater, der seinen Sohn suchte, vorüber, und im Vorübergehen fragte er den Gesegneten: „Ich bitte Dich, Herr! Hast Du Yakschas, meinen Sohn, gesehen?"

Buddha sagte zu Yakschas Vater: „Komm herein, Herr, und Du wirst Deinen Sohn finden"; und Yakschas Vater freute sich und trat ein. Er setzte sich in die Nähe seines Sohnes; aber seine Augen waren verschleiert, und er erkannte ihn nicht. Da begann der Meister zu predigen, und Yakschas Vater begriff die Lehre des Gesegneten und sprach: „Herrlich ist die Wahrheit, o Herr! Der Buddha, der Heilige, unser Meister richtet das, was umgestürzt wurde, wieder auf; er enthüllt das Verborgene; er zeigt dem verirrten Wanderer den rechten Weg; er zündet eine Lampe in der Dunkelheit an, damit alle, deren Augen sehen können, die Dinge erkennen, welche sie umgeben. Ich nehme meine Zuflucht zu Buddha, unserem Herrn! Ich nehme meine Zuflucht zu der Lehre, die er offenbart. Ich nehme meine Zuflucht in der Verbrüderung, die er gegründet hat. Möge der Gesegnete von heute an mich aufnehmen, solange mein Leben dauert, als einen Schüler, der in ihm seine Zuflucht genommen hat."

Yakschas Vater war der erste Laie, welcher als Mitglied der Sangha beitrat. Als der wohlhabende Kaufmann Zuflucht in Buddha genommen hatte, da wurden seine Augen geöffnet, und er sah seinen Sohn, in gelbe Gewänder gekleidet, an seiner Seite sitzen.

„Mein Sohn Yakschas", sagte er, „Deine Mutter ist in Jammer und Kummer verloren. Gehe nach Hause und bringe Deine Mutter zum Leben zurück."

Da sah Yakschas den Gesegneten an, und der Gesegnete sprach: „Sollte Yakschas zu der Welt zurückkehren, und die Freuden eines weltlichen Lebens wieder genießen, wie er es früher tat?"

Und Yakschas Vater antwortete: „Wenn Yakschas, mein Sohn, einen Gewinn bei Dir findet, so soll er bleiben. Er ist aus den Banden der Weltlichkeit frei."

Als der Gesegnete die Herzen seiner Schüler mit Worten der Weisheit und Gerechtigkeit gestärkt hatte, ging er mit Yakschas nach dem Hause des reichen Kaufmanns. Als sie ankamen, begrüßten die Mutter und auch Yakschas frühere Frau den Gesegneten und setzten sich neben ihn. Dann verkündete der Heilige die Lehre, und die Frauen begriffen sie und riefen: „Herrlich ist die Wahrheit, o Herr! Der Buddha, der Heilige, unser Meister richtet dasjenige wieder auf, was umgestürzt war; er enthüllt das Verborgene, er zeigt den Weg dem verirrten Wanderer, er zündet eine Lampe im Dunkeln an, damit alle, deren Augen sehen können, die Dinge erkennen, welche sie umgeben. Wir nehmen unsere Zuflucht in Buddha, unserem Herrn. Wir nehmen unsere Zuflucht in der Lehre, welche er offenbart. Wir nehmen unsere Zuflucht in der Verbrüderung, welche er gegründet hat. Möge der Gesegnete uns von diesem Tage an als seine. Schülerinnen aufnehmen, solange unser Leben dauert, die wir Zuflucht in ihm genommen haben."

Die Mutter und die Frau von Yakschas, dem edlen Jünglinge von Benares, waren die ersten Frauen, welche Laienschülerinnen wurden und ihre Zuflucht in Buddha nahmen.

Yakschas hatte vier Freunde, welche wohlhabenden Familien in Benares angehörten. Ihre Namen waren Vinala, Subahu, Punyajit und Gavampti. Als Yakschas Freunde hörten, dass er sein Haar abgeschnitten und das gelbe Gewand angezogen hatte, um die Welt aufzugeben und hinaus in die Heimatlosigkeit zu gehen, da dachten sie: „Wahrlich! Das kann nicht eine gewöhnliche Lehre sein, das muss eine edle Entsagung der Welt sein, da Yakschas, der uns als gut und weise bekannt ist, sein Haar abgeschnitten und das gelbe Gewand angezogen hat, um hinaus in die Heimatlosigkeit zu gehen."

Und sie gingen zu Yakschas und Yakschas wandte sich zu dem Gesegneten und sagte: „Möge der Gesegnete meine vier Freunde ermahnen und unterrichten."

Und der Gesegnete lehrte sie, und Yakschas Freunde nahmen die Lehre an und nahmen Zuflucht in dem Buddha, dem Dharma und dem Sangha.

XIX.
Die Jünger werden ausgesandt

Und das Evangelium des Gesegneten nahm von Tag zu Tag zu, und viele Leute kamen, um ihn zu hören und die Weihe anzunehmen, von nun an ein heiliges Leben zu führen, zur Ausrottung alles Wehes. Und da der Gesegnete sah, dass es für ihn allein unmöglich war, allen, welche die Wahrheit hören und die Weihe empfangen wollten, Genüge zu tun, sandte er aus der Zahl seiner Jünger diejenigen aus, welche das Dharma verkünden sollten und sprach zu ihnen: „Gehet jetzt hinaus, o Bhikschus, zum Heile der Menge, zur Wohlfahrt der Menschheit aus Mitleiden für die Welt. Verkündet die Lehre, welche herrlich ist am Anfang, herrlich in der Mitte, und herrlich am Ende, im Geiste sowohl als auch im Buchstaben. Es gibt

Wesen, deren Augen nur wenig mit Staub bedeckt sind, aber wenn man ihnen die Lehre nicht verkündet, so können sie nicht die Erlösung erlangen. Verkündet ihnen ein Leben voll Heiligkeit. Sie werden die Lehren begreifen und sie annehmen.

Das Dharma und Vinaya, welches der Tathagata lehrt, leuchten, wenn sie ausgestellt werden, nicht aber, wenn sie verborgen sind. Lasset diese Lehre, welche so voll Wahrheit und so vorzüglich ist, nicht in die Hände derjenigen fallen, welche ihrer nicht wert sind, welche sie verachten und verdammen, beschmutzen, lächerlich machen und bekritteln würden. Ich erlaube Euch, o Bhikschus, folgendes: Gebet von nun an die Weihe in den verschiedenen Ländern denjenigen, welche begierig sind, sie zu empfangen, wenn Ihr sie würdig findet."

Und es wurde ein ständiger Gebrauch, dass die Bhikschus auszogen, um zu predigen, wenn das Wetter gut war; aber während der Regenzeit versammelten sie sich wieder um ihren Meister und hörten die Erklärungen des Tathagata.

XX.
Kaschyapa

Zu jener Zeit lebten in Uruvilva die Jatilas, welche an Krischna glaubten und das Feuer anbeteten, und Kaschyapa war ihr Oberster. Kaschyapa war in ganz Indien berühmt und sein Name als der eines der weisesten Menschen auf Erden, und einer Autorität in Religion, geehrt. Und der Gesegnete ging zu Kaschyapa von Uruvilva und sprach: „Lass mich eine Nacht in dem Zimmer bleiben, wo Du das heilige Feuer hast."

Als Kaschyapa den Gesegneten in seiner Majestät und Schönheit sah, dachte er bei sich selbst: Dies ist ein großer Muni und ein hoher Lehrer. Würde er über Nacht in dem Zimmer bleiben, wo das heilige Feuer aufbewahrt wird, so würde die Schlange ihn beißen und er würde sterben. Und er sprach: „Ich habe nichts dagegen, dass Du über Nacht in dem Zimmer bleibst, wo das heilige Feuer aufbewahrt wird; aber die Schlange würde Dich töten und es würde mir leid tun, Dich sterben zu sehen."

Aber Buddha bestand darauf, und Kaschyapa führte ihn in das Zimmer, wo das heilige Feuer aufbewahrt wurde. Und der Gesegnete setzte sich nieder in aufrechter Haltung und umgab sich mit Wachsamkeit. Während der

Nacht kam der Drache zu Buddha und spie voller Wut sein feuriges Gift. Die Luft war voll brennenden Dampfes, konnte ihm aber keinen Schaden tun. Das Feuer verzehrte sich selbst, aber derjenige, den die ganze Welt verehrt, blieb gesammelt. Und der giftige Teufel erzürnte sich sehr, so dass er aus Wut starb. Als Kaschyapa die Helle in dem Zimmer sah, sprach er: „Ach, wie schade! Wahrlich, das Angesicht von Gautama, dem großen Schakya-Muni, ist schön; aber die Schlange wird ihn umbringen."

Am nächsten Morgen ließ der Gesegnete Kaschyapa den Leichnam des Dämons sehen, und sprach: „Sein Feuer wurde durch mein Feuer besiegt."

Und Kaschyapa dachte sich: „Schakya-Muni ist ein großer Schramana und besitzt hohe Kräfte; aber er ist nicht so heilig wie ich."

Um jene Zeit wurde ein Fest gefeiert, und Kaschyapa dachte: „Aus allen Teilen des Landes werden die Leute kommen und den großen Schakya-Muni sehen. Wenn er zu ihnen spricht, so werden sie an ihn glauben und mir abtrünnig werden."

Und er wurde neidisch.

Als der Tag des Festes kam. da zog sich der Gesegnete zurück und kam nicht zu Kaschyapa. Und Kaschyapa ging zu Buddha und sprach: „Weshalb ist der große Schakya-Muni nicht gekommen?"

Der Tathagata antwortete: „Dachtest Du nicht, o Kaschyapa, dass es besser wäre, wenn ich vom Feste wegbleiben würde?"

Und Kaschyapa wunderte sich und dachte: „Schakya-Muni ist groß; aber er ist nicht so heilig wie ich."

Und der Gesegnete wandte sich zu Kaschyapa und sprach: „Du siehst die Wahrheit, aber Du nimmst sie nicht an, weil der Neid in Deinem Herzen wohnt. Ist der Neid Heiligkeit? Der Neid ist das letzte Überbleibsel des Selbsts, welches in Deinem Gemüte zurückgeblieben ist. Du bist nicht heilig, Kaschyapa. Du hast den Weg noch nicht betreten."

Und Kaschyapa gab seinen Widerstand auf. Sein Neid verschwand; er beugte sich vor dem Gesegneten und sprach: „Herr, unser Meister! Lass mich die Weihe von dem Gesegneten empfangen."

Und der Gesegnete sprach: „Du, Kaschyapa, bist der Häuptling der Jatilas. Gehe denn hin, gib ihnen Nachricht von Deiner Absicht, und lass sie tun, was Du für zweckmäßig hältst."

Da ging Kaschyapa zu den Jatilas und sprach: „Ich sehne mich danach, unter der Anleitung des großen Schakya-Muni, welcher Buddha, unser Herr, ist, ein religiöses Leben zu führen. Ihr mögt tun, was Euch am besten dünkt."

Und die Jatilas antworteten: „Wir haben den großen Schakya-Muni sehr lieb gewonnen, und wenn Du seiner Brüdergemeinde beitreten willst, so wollen wir dasselbe tun."

Die Jatilas von Uruvilva warfen ihre Geräte zur Feueranbetung in den Fluss und gingen zu dem Gesegneten. Nada Kaschyapa und Gaya Kaschyapa, Brüder des großen Uruvilva Kaschyapa, mächtige Männer und Häuptlinge unter dem Volke, wohnten weiter unten am Flusse, und als sie die Gerätschaften, welche zur Feueranbetung gebraucht werden, im Flusse schwimmen sahen, sagten sie: „Unserm Bruder ist irgend etwas geschehen."

Und sie kamen mit ihren Leuten nach Uruvilva. Als sie hörten, was geschehen war, da gingen auch sie zu Buddha. Als der Gesegnete die Jatilas von Nada und Gaya, welche strenge Askese getrieben und das Feuer angebetet hatten, kommen sah, hielt er eine Predigt über das Feuer und sprach: „Alles, o Jatilas! brennt. Das Auge brennt, die Gedanken brennen, alle Sinne brennen; sie brennen im Feuer der Begierde. Da ist der Zorn, die Unwissenheit, der Hass, und solange als das Feuer Brennstoffe findet, die ihm zur Nahrung dienen können, solange wird es brennen; und es wird da sein Geburt und Tod, Verfall, Jammer, Leiden, Verzweiflung und Trauer. Der Jünger der Wahrheit, welcher das betrachtet, wird die vier Wahrheiten einsehen und auf dem edlen achtfachen Pfade wandeln. Er wird wachsam sein über sein Auge, wachsam über seine Gedanken und wachsam über alle seine Sinne. Er wird die Leidenschaften ablegen und frei sein. Er wird von der Selbstsucht erlöst werden und die Seligkeit Nirwanas erlangen."

Und die Jatilas freuten sich und nahmen ihre Zuflucht in dem Buddha, dem Dharma und dem Sangha.

XXI.
Die Predigt zu Rajagriba

Und nachdem der Gesegnete einige Zeit in Uruvilva verweilt hatte, ging er nach Rajagriha, begleitet von einer großen Anzahl von Bhikschus, von denen viele früher Jatilas gewesen waren, und Kaschyapa, der frühere Häuptling der Jatilas, war mit ihm. Als der Magadha König, Sainya Bimbisara, von der Ankunft Schakya-Munis hörte, von welchem man sagte: „Er ist der heilige, der gesegnete Buddha, der die Menschen führt

wie ein Hirte einen Stier bezwingt, der Lehrer der Hohen und Niedrigen",
da ging er, umgeben von seinen Räten und Heerführern, und kam zu dem
Orte, wo der Gesegnete war. Da sahen sie den Gesegneten in der
Gesellschaft von Kaschyapa, des großen Religionslehrers der Jatilas, und
sie wunderten sich und dachten: „Hat der große Schakya-Muni sich unter
die geistige Führung von Kaschyapa begeben, oder ist Kaschyapa ein
Jünger Gautamas geworden?" Und der Tathagata, welcher die Gedanken
der Leute erkannte, sagte zu Kaschyapa: „Was hast Du kennengelernt, o
Kaschyapa, und was hat Dich dazu bewogen, das heilige Feuer
abzuschaffen und Deine strengen Bußübungen aufzugeben?"

Kaschyapa sprach: „Der Gewinn, den ich von der Feueranbetung erlangte,
war das Verbleiben in dem Rade der Individualität (dem Sondersein), mit
allen seinen Leiden und Irrtümern. Diesen Dienst habe ich aufgegeben, und
anstatt in Bußübungen und Opfern fortzufahren, bin ich das höchste
Nirwana zu suchen gegangen."

Da Buddha sah, dass die ganze Versammlung bereit war, so wie ein Gefäß,
die Lehre zu empfangen, sprach er zu dem König Bimbisara: „Wer das
Wesen seines Selbsts kennt und weiß, wie seine Sinne wirken, der hat
keinen Platz für das „Ich", und wird unendlichen Frieden erlangen. Die
Welt hält fest an dem Gedanken an das „Ich", und aus diesem entsteht die
falsche Auffassung. Manche sagen, das Ich lebe nach dem Tode; andere
sagen, es werde zu Nichts. Beide sind im Irrtum, und ihr Irrtum ist höchst
bedauernswert. Denn, wenn sie sagen, dass das Ich der Vernichtung anheim
fällt, so wird die Frucht, nach der sie streben, auch zu Nichts werden, und
zu einer gewissen Zeit wird es (für sie) kein Nachher geben. Diese Rettung
von sündlicher Selbstsucht hat keinen Wert.

Wenn andere aber sagen, dass das Ich nicht vergehen werde, so folgt
daraus, dass in der Mitte von allem Leben und Tod nur eine Identität
ungeboren und unsterblich ist. Wenn dieses das Ich dieser Leute ist, so ist
es vollkommen und kann durch keinerlei Taten noch vollkommener
gemacht werden. Das immerwährende und unvergängliche Ich könnte
niemals verändert werden. Das Selbst wäre dann der Herr und Meister, und
es hätte keinen Zweck, das Vollkommene noch vollkommener machen zu
wollen, moralische Ziele und Erlösung wären unnötig.

Aber jetzt sehen wir die Zeichen der Freude und des Leides. Wo ist da eine
Beständigkeit? Wenn kein Ich unsere Taten vollbringt, dann gibt es kein
Ich; dann steht kein Täter hinter dem Tun, kein Wahrnehmer hinter dem
Erkennen, kein Herr hinter dem Lebendigsein.

Höret nun, und merket auf! Die Sinne treffen den Gegenstand (der Wahrnehmung) und aus dieser Berührung wird die Empfindung geboren. Daraus entspringt das Sammeln (von Eindrücken). Wie die durch ein Brennglas konzentrierte Kraft der Sonne Feuererscheinung verursacht, so wird durch das Erkennen, welches von dem Sinn und (dessen) Gegenstand erzeugt ist, jener Herr, welchen Ihr das Selbst nennt, geboren. Der Keim entspringt dem Samen, der Same ist nicht der Keim; beide sind nicht eins und dasselbe, und dennoch nicht (wesentlich) von einander verschieden. So ist des beseelten Lebens Geburt.

Ihr, die Ihr Sklaven seid des Ichs, die Ihr vom Morgen bis in die Nacht im Dienste des Selbsts Euch abmüht, die Ihr in ständiger Furcht vor Geburt, Alter, Krankheit und Tod lebt, empfanget die frohe Botschaft, dass Euer grausamer Tyrann nicht existiert. Das Selbst ist ein Irrtum, eine Illusion, ein Traum, öffnet Eure Augen und erwachet. Sehet die Dinge an, so wie sie sind, und Ihr werdet getröstet sein.

Wer wach ist, wird sich nicht länger vor wüsten Traumbildern fürchten; wer das Wesen des Strickes erkannt hat, der eine Schlange zu sein schien, hört auf zu zittern. Wer erkannt hat, dass es kein Ich gibt, der lässt alle Lüste und Begierden der Selbstsucht fahren. Das Anklammern an Dinge, Begierden nach Besitz und Sinnlichkeit, die von früheren Existenzen geerbt wurden, sind die Ursachen des Leidens und Dunkels der Welt.

Gib auf die Gier Deiner Selbstsucht, so wirst Du zu jenem Seelenzustande gelangen, welcher vollkommene Ruhe, Güte und Weisheit verleiht. Wie eine Mutter, selbst mit Gefahr ihres Lebens, ihren Sohn, ihren einzigen Sohn beschützt, so sollte derjenige, welcher die Wahrheit erkannt hat, unbeschränktes Wohlwollen gegen alle Wesen betätigen.

Unbeschränktes Wohlwollen sollte er ausüben gegen die ganze Welt, oben, unten, ringsherum, ohne zu geizen, unvermischt mit dem Gefühle Unterscheidungen machen, ohne eines dem ändern vorziehen zu wollen. In diesem Seelenzustand soll er verharren, solange er wach ist, ob er nun stehe, gehe, sitze oder liege. Dieser Zustand des Herzens ist der beste in der Welt. Er ist Nirwana.

Alles Bösetun abzulegen, ein tugendhaftes Leben zu führen und das Herz zu reinigen, dies ist die Religion aller Buddhas."

Als der Erleuchtete seine Rede beendet hatte, sagte der König Magadha zu ihm: „Ehedem, als ich ein Prinz war, hatte ich fünf Wünsche. Ich wünschte, dass ich als König gekrönt würde. Dies war mein erster Wunsch, und er wurde erfüllt. Dann wünschte ich: „Möchte der heilige Buddha, der

Vollkommene, auf Erden während meiner Regierungszeit erscheinen und in mein Königreich kommen." Dies war mein zweiter Wunsch, und er ist jetzt erfüllt. Ferner wünschte ich: „Möge ich ihn begrüßen." Dies war mein dritter Wunsch, und er ist jetzt erfüllt. Mein vierter Wunsch war: „Möge der Gesegnete mir die Lehre erklären", und dies ist jetzt erfüllt. Aber der größte Wunsch, den ich hatte, war: „Möge ich die Lehre des Gesegneten verstehen!" Und dieser Wunsch ist jetzt erfüllt.

Glorreicher Herr! Über alles herrlich ist die Wahrheit, welche der Tathagata verkündet! Unser Herr, der Buddha, richtet wieder auf das, was niedergeworfen war; er enthüllt, was verborgen war; er zeigt dem verirrten Wanderer den Weg; er zündet die Lampe an in der Dunkelheit, damit diejenigen, welche Augen zum Sehen haben, sehen können. Ich nehme meine Zuflucht in dem Buddha! Ich nehme meine Zuflucht in dem Dharma! Ich nehme meine Zuflucht im Sangha!"

Der Tathagata bewies seine unbeschränkte Geisteskraft durch die Ausübung seiner Tugend und durch Weisheit. Er besänftigte und stimmte harmonisch eines jeden Gemüt. Er befähigte sie, die Wahrheit zu sehen und anzunehmen, und im ganzen Reiche wurden die Samen der Tugend gesät.

XXII.
Das Geschenk des Königs

Als der König seine Zuflucht in Buddha genommen hatte, lud er den Tathagata in seinen Palast ein und sprach: „Gewähre mir, o Gesegneter, die Bitte, morgen Deine Mahlzeit mit der Brüderschaft der Bhikschus bei mir einzunehmen."

Am nächsten Morgen kündigte der König Sainya Bimbisara dem Gesegneten an, dass es Zeit zum Mittagessen sei, und sprach: „Du bist mir der allerwillkommenste Gast, o Herr! Komme, die Mahlzeit ist bereit!"

Und der Gesegnete hüllte sich in sein Festgewand, nahm seine Almosenschale und trat mit einer großen Anzahl von Bhikschus in die Stadt Rajagriha ein. Schakra, der König der Devas, nahm die Gestalt eines jungen Brahminen an und sang die folgenden Verse: „Der Gesegnete, er, welcher denjenigen Selbstbeherrschung lehrt, welche Selbstbeherrschung gelernt haben; der Erlöser mit denjenigen, welche er erlöst hat; der Gesegnete mit denen, welchen er Frieden gegeben hat, ist in Rajagriha eingegangen. Heil Buddha, unser Herr! Gebenedeiet sei sein Name, und Segen komme zu allen, die ihre Zuflucht in ihm nehmen."

Als der Gesegnete seine Mahlzeit beendet und seine Almosenschale und Hände gereinigt hatte, setzte sich der König in seine Nähe und dachte: „Wo kann ich einen Ort finden, in welchem der Gesegnete wohnen kann; nicht zu fern von der Stadt und nicht zu nahe, geeignet zum Kommen und Gehen; leicht zugänglich für Leute, welche ihn zu sehen wünschen; einen Ort, der am Tage nicht zu sehr besucht ist und bei Nacht vor Lärm sicher ist, ein gesunder Aufenthalt für ein zurückgezogenes Leben? Mein Lustgarten, der Bambuswald Venuvana, entspricht allen diesen Bedingungen. Ich werde ihn der Brüderschaft der Bhikschus mit dem Buddha, ihrem Haupte, anbieten."

Und der König widmete seinen Lustgarten der Brüderschaft und sprach: „Möge der Gesegnete mein Geschenk annehmen."

Der Gesegnete gab stillschweigend seinen Beifall und erbaute dann das Herz des Magadha-Königs durch weise Lehren, erhob sich von seinem Sitze und ging hinweg.

XXIII.
Schariputra und Mandgalyana

Zu jener Zeit führten Schariputra und Mandgalyana, zwei Brahminen und Hauptanhänger von Sanjaya, ein religiöses Leben. Sie hatten sich gegenseitig das Versprechen gemacht, dass, wer von ihnen zuerst Nirwana erreicht hätte, es dem anderen kundgeben sollte. Und als Schariputra den ehrwürdigen Aschrajit um Almosen bitten sah, wie er bescheiden seine Augen zur Erde gerichtet hielt und sein Betragen würdevoll war, rief er aus: „Wahrlich, dieser Schramana hat den rechten Weg betreten; ich will ihn ansprechen und fragen: In wessen Namen, o Freund, hast Du Dich von der Welt zurückgezogen? Wer ist Dein Lehrer, und welche Lehren bekennst Du?"

Und Aschrajit antwortete: „Ich bin ein Nachfolger des großen Schakya-Muni; er ist der Buddha, der Gebenedeite, und in seinem Namen habe ich mich von der Welt zurückgezogen. Der Gesegnete ist mein Lehrer und zu seinen Lehren bekenne ich mich."

Und Schariputra ging zu Mandgalyana und erzählte ihm dies, und sie sprachen: „Wir wollen zu dem Gesegneten gehen, damit er unser Lehrer werde."

Und sie gingen mit all ihren Jüngern zum Tathagata und nahmen ihre Zuflucht in Buddha. Und der Heilige sprach: „Schariputra ist wie der erstgeborene Sohn eines weltbeherrschenden Monarchen, welcher seinem Könige als dessen Nachfolger das Rad des Gesetzes ins Rollen zu bringen hilft."

XXIV.
Das Volk wird unzufrieden

Und viele nahmen ein Ärgernis. Als sie sahen, dass viele ausgezeichnete junge Männer des Königreichs Magadha unter der Anleitung des Gesegneten ein religiöses Leben führten, wurden sie ärgerlich und sprachen: „Gautama Schakya-Muni verleitet Väter, ihre Frauen zu verlassen und ist die Ursache, dass ganze Geschlechter aussterben."

Als sie die Bhikschus sahen, lästerten sie dieselben und sagten: „Der große Schakya-Muni ist nach Rajagriha gekommen, um die Geister der Menschen zu unterjochen. Wer wird wohl der nächste sein, der sich von ihm leiten lässt?"

Als die Bhikschus dies dem Gesegneten mitteilten, sprach er: „Dieses Murren, o Bhikschus, wird nicht lange dauern. In sieben Tagen ist es vorbei. Wenn sie euch lästern, so antwortet ihnen mit den folgenden Worten: „Die Tathagatas leiten die Menschen dadurch, dass sie ihnen die Wahrheit predigen. Wer wird über die Weisen murren? Wer wird den Tugendhaften tadeln? Selbstbeherrschung, Rechtschaffenheit und ein reines Herz, dies sind die Befehle unseres Herrn."

XXV.
Anathapindika

Zu jener Zeit besuchte Anathapindika, ein ungemein reicher Mann, Rajagriha. Da er sehr wohltätig war, so nannte man ihn den „Ernährer der Waisen und den Freund der Armen".

Als er hörte, dass Buddha in die Welt gekommen sei und sich im Bambusgarten nahe der Stadt aufhalte, machte er sich noch in derselben Nacht auf, um den Gesegneten zu finden. Und der Gesegnete sah sogleich die vortrefflichen Eigenschaften von Anathapindikas Herzen, und begrüßte ihn mit Worten geistlichen Trostes. Sie ließen sich nebeneinander nieder, und Anathapindika lauschte der Süßigkeit der Wahrheit, welche der Gesegnete predigte. Und Buddha sprach: „Die ruhelose geschäftige Eigenschaft dieser Welt ist die Wurzel alles Leidens. Erlange jene Gesetztheit des Gemütes, welche in dem Frieden des Bewusstseins der Unsterblichkeit ruht. Das Selbst ist nichts als ein Haufe zusammengesetzter Eigenschaften, und seine Welt leer wie ein Gebilde der Phantasie.

Was ist es, das unser Leben bildet? Ist es Iswara, ein persönlicher Schöpfer? Wenn Iswara ein persönlicher Schöpfer wäre, so würden alle Geschöpfe stillschweigend seiner Macht sich unterordnen müssen. Sie wären gleich Tongefäßen in des Töpfers Händen und wäre es so, wie wäre es dann für sie möglich, Tugend zu üben? Wäre die Welt von einem persönlichen Iswara gemacht, so könnte es weder Schmerz noch Unglück oder Sünde geben; denn sowohl reine als auch unreine Handlungen kämen von ihm, und wäre es nicht so, so müsste eine andere Grundursache neben ihm sein, und er wäre nicht der selbstexistierende Eine. Somit ist, wie Du siehst, die Vorstellung eines (persönlichen) Iswara falsch.

Ferner wird gesagt, dass das Absolute uns geschaffen hat. Aber das Absolute kann keine Ursache sein. Alle Dinge um uns her entspringen aus einer Ursache, wie die Pflanze aus dem Samen. Wie aber könnte das Absolute von allen Dingen die gleiche Ursache sein? Wenn es dieselben auch durchdringt, so macht es sie doch nicht.

Weiter wird gesagt, das Selbst sei der Schöpfer. Wenn dies so ist, weshalb hat es nicht alles nach seinem Gefallen erschaffen? Die Ursachen der Leiden und Freuden sind tatsächlich und objektiv. Wie könnte das Selbst sie gemacht haben? Nimmst Du aber an, dass es keinen Schöpfer gäbe, unser Schicksal keinen Grund habe und dass keine Ursache vorhanden sei, welchen Zweck hätte es dann, unser Leben zu bilden und Mittel einer Absicht entsprechend anzuwenden?

Deshalb behaupten wir, dass alles, was existiert, nicht ohne Grund vorhanden sei; aber weder Iswara, noch das Absolute, noch das Selbst, noch der ursachenlose Zufall ist der Schöpfer, sondern unseren Handlungen entspringen bestimmte Resultate, gute sowohl als böse.

Die ganze Welt ist unter dem Gesetz von Ursache und Wirkung und die

Ursachen, welche wirken, sind nicht ohne Geist, denn das Gold, aus dem der Becher gemacht ist, ist Gold durch und durch.

Lass uns denn der Ketzerei, einen (bloß äußerlichen) Iswara anzubeten und zu bitten, entsagen. Lass uns nicht unsere Zeit mit eitlen Spekulationen von gehaltlosen Haarspaltereien vergeuden; lass uns das Selbst und alle Selbstsucht aufgeben, und da alle Dinge durch Verursachung entstehen, so lass uns Gutes ausüben, damit Gutes das Resultat unserer Handlungen sei."

Und Anathapindika sprach: „Ich sehe, dass Du Buddha, der Gebenedeite, der Heilige bist, und ich verlange danach, Dir mein ganzes Herz zu öffnen. Wenn Du mich angehört hast, so sage mir, was ich tun soll. Mein Leben ist arbeitsvoll, und da ich mir großen Reichtum erworben habe, so bin ich mit Sorgen umgeben. Dennoch freut mich die Arbeit und ich übe sie fleißig aus. Viele Leute, die in meinen Diensten stehen, hängen von dem Erfolge meiner Unternehmungen ab.

Nun habe ich gehört, wie Deine Schüler den Segen der Einsamkeit preisen und die Unruhe der Welt verurteilen. Sie sagen: Der Heilige hat seinem Königreiche und seiner Erbschaft entsagt und den Pfad der Gerechtigkeit gefunden; er hat damit der ganzen Welt ein Beispiel gegeben, wie Nirwana zu finden ist. Meine Seele sehnt sich danach, das zu tun, was recht ist und meinen Mitgeschöpfen zum Segen zu sein. Sage mir deshalb: muss ich meinen Reichtum, meine Heimat, meine Geschäftsunternehmungen aufgeben und wie Du in die Heimatlosigkeit wandern, damit ich den Segen eines religiösen Lebens erlangen kann?"

Und Buddha sprach: „Die Segnungen eines religiösen Lebens können von jedem erlangt werden, der den edlen achtfachen Pfad wandelt. Wer am Reichtume hängt, der sollte ihn lieber wegwerfen, als zu dulden, dass sein Herz damit vergiftet werde; aber wer nicht daran hängt und die Schätze, die er besitzt, richtig gebraucht, der wird seinen Mitgeschöpfen zum Segen sein.

Ich sage Dir, verharre in Deiner Lebensstellung und betreibe mit Fleiß Deine geschäftlichen Unternehmungen. Nicht das Leben – der Reichtum und die Macht machen den Menschen zum Sklaven, indem er am Leben, an Reichtum und Macht hängt. Der Bhikschu, welcher sich von der Welt zurückzieht, damit er ein müheloses Leben führen kann, wird dabei nichts gewinnen, denn sein Leben in Müßiggang ist ein Greuel, und Mangel an Energie ist verachtenswert.

Das Gesetz des Tathagata verlangt nicht, dass man in die Heimatlosigkeit wandern, oder der Welt entsagen soll, wenn man nicht den Beruf hierzu fühlt; aber das Gesetz des Tathagata verlangt, dass jeder sich von der Täuschung der Selbstheit frei machen, sein Herz reinigen, sein Verlangen nach Belustigung aufgeben und ein gerechtes Leben führen solle.

Und was auch die Beschäftigung der Menschen sei, ob sie nun der Welt als Gewerbetreibende, Kaufleute oder Beamte angehören, oder ob sie sich von der Welt zurückziehen und ein Leben von religiöser Beschaulichkeit führen, so sollen sie sich mit ganzem Herzen ihren Aufgaben widmen, fleißig und willenskräftig sein, und wenn sie dann wie der Lotus sind, der im Wasser wächst und dennoch nicht vom Wasser verdorben wird, wenn sie den Kampf des Lebens ohne Hass und Neid bestehen und in der Welt nicht ein Leben in der Selbstheit, sondern in der Wahrheit führen, so wird sicherlich Freude, Frieden und Seligkeit in ihrem Herzen wohnen."

Das goldene Blatt der Weisheit
Seila Orienta/Franz Bardon

Zum ersten Mal in der okkulten Literatur wird die 4. Tarotkarte des Hermes Trismegistos verständlich beschrieben und offengelegt. Sie beinhaltet unbekannte Konzentrations- und Meditationsübungen. Des Weiteren gibt sie Hinweise und erklärt die Unterschiede zwischen Magie und Mystik und Gefahren des einseitigen Weges. Am Ende steht die Verbindung mit der universellen Gottheit, dem Herrn der Sonnensphäre, welcher quabbalistisch „Metatron" genannt wird.

*

5. Tarotkarte – Mysterien des Steins der Weisen
Seila Orienta/Franz Bardon

Dieses Buch stellt die Vorderseite der Alchemie dar, die die einzelnen praktischen Übungsschritte erklärt, ohne die verschlüsselten Mystifikationen der alten Alchemisten auch nur annähernd zu erwähnen, wie man es aus den anderen Büchern des Franz Bardon kennt. Es wird erklärt, dass ohne vollkommene Beherrschung der 4 Elemente keine Alchemie möglich ist. Des Weiteren wird mit den einzelnen Ebenen, mit den Matrizen, dem elekromagnetischen Fluid usw. gearbeitet. Doch der Hauptpunkt stellen die göttlichen Eigenschaften wie z. B. die Allmacht dar, mit denen der Göttliche Stein der Weisen durch gewisse Übungen geladen wird.

*

Talismanologie und Mantramkunde
Seila Orienta/Franz Bardon

Zum ersten Mal werden hier (magisch) geladene Mantrams – Gebetssätze – preisgegeben, welche bei nötiger Reife, Ausgeglichenheit und Reinheit durchdringende Erfolge versprechen.

Mantrams sind ja nach Bardon nicht irgendwelche „Suggestions-sätze", sondern sie sind Ideenausdrücke, mit denen man mit Mächten, Kräften, Eigenschaften, also Gottheiten, in Verbindung kommen kann. Gleichzeitig werden die dazugehörigen Siegelzeichen der göttlichen Ideen preisgegeben, welche im rituellen Zusammen-hang mit den Mantrams stehen. Ein Buch, dass nicht nur die Hermetiker sondern auch die Anhänger der Yogawissenschaften inspirieren wird!

*

Eine Sammlung der schönsten und lehrreichsten Beschwörungsgeschichten
Hohenstätten

Dieses Buch ist einzigartig, denn es zeigt den zweiten Band von Franz Bardon an Hand von interessanten Evokationsberichten, die genau das bestätigen, was Bardon in seinem Buch geschrieben hat, und noch darüber hinaus. Es werden sensationelle Erlebnisse geschildert, die man sonst niemals findet. Auch aus unveröffent-lichten Schriften wird zitiert.

*

Verkörperungen des Meister Arion
Hohenstätten

Man wird beim Lesen dieses Buches nicht glauben, wie viele bekannte und unbekannte Inkarnationen Franz Bardon hatte. Die paar, die im „Frabato" bekannt gegeben wurden, stellen nur einen geringen Teil seiner Verkörperungen dar. Wir mussten, da es dermaßen wenig Literatur über die Verkörperungen gab, wieder hunderte und aberhunderte von Büchern, Aufsätzen, Zeitschriften und Artikeln durcharbeiten, bis wir genügend Material für dieses Buch hatten. Aber der Leser wird sich beim Lesen sicherlich über unsere Arbeit freuen, denn sie wird ihn in Erstaunen versetzen!

Shamballa, der goldene Tempel des Lichts
Hohenstätten

Dieser Tempel dürfte jeden Leser von Bardons Roman „Frabato" fasziniert haben. Dass es aber in der okkulten Literatur noch viel mehr Informationen darüber gibt, die man aber nur findet, wenn man alles Veröffentlichte gelesen hat, dürfte dem einen oder anderen unbekannt sein. Es wurden wieder ganze Stöße von Büchern durchgesehen und das Ergebnis wird hier veröffentlicht. Es wird aber gleichzeitig darauf hingewiesen, wie viel Schundliteratur es darüber gibt, wie viel Lügen im Umlauf sind, damit sich der Schüler der Hermetik ein klares Bild machen kann. Wir bringen in diesem Buch alles, was wir an Material darüber gefunden haben und es wird auch noch einiges aus der eigenen Erfahrung, was das Wertvollste ist, mitgeteilt. Nicht nur über den Tempel wird berichtet, sondern auch über die damit verbundene „Bruderschaft des Lichts", dessen Sitz er darstellt.

*

Auf der Suche nach Meister Arion
Hohenstätten

Diese Autobiographie eines Schüler der Hermetik des Franz Bardon schildert sein magische Leben, in welcher zahlreiche Erfahrungen zu den Übungen aus dem Adepten geschildert werden, die die Hauptperson selbst erlebt hat. Es wird der schwere Weg des Adepten aus autobiographischer Sicht gezeigt, seine vielen Tiefschläge, aber auch seine glanzvollen Seiten und Zeiten. Der harte Kampf mit dem Seelenspiegel wird bis in alle Einzelheiten aufgezeigt, genauso wie die vielen anderen Wege, in welche der Autor reinschnupperte um dadurch reichlich Erfahrung sammeln zu können. Darüber hinaus enthält es unzählige Erfahrungen und Berichte betreffs Mantramistik nach Bardon, die wahre Runenmagie, zahlreiche Evokationen sowie Invokationen mit seinem Lehrer Anion, einen magischen Exorzismus, wie er bisher noch nie öffentlich geschildert wurde.

Mentalreisen, Beeinflussungen, Übungen zur Gottverbundenheit, Erscheinungen, Alchemie, Heilungen mit den verschiedensten magischen Methoden z. B. Quabbalah oder durch die Elemente, Schutzgeistevokationen und viele andere magische „Wunder" seines Freundes und Lehrers Anion. Auch einige magische Fotos in Farbe, ein bisher von Bardon unveröffentlichtes Akashafoto von Christus und ein Bild des schwebenden Meister Arion werden in diesem Buch preisgegeben. Der Inhalt ist viel reichlicher, als hier kurz beschrieben werden kann.

*

Magisches Gleichgewicht
Hohenstätten

Dieses Buch zeigt eindeutig, dass in allen anderen Systemen das „Gleichgewicht" genauso gebraucht wird, wie bei Bardons Werken. Er war nicht der einzige, der das erwähnte, aber er war der erste, welche es deutlich erklärte, denn die anderen Systeme sprachen nur durch das Symbol, welches nicht jedem Leser verständlich war. Obendrein bringen wir nochunveröffentlichtes vom Meister Arion zu dieser Grundlage der magischen Entwicklung.

*

Das Leben und die Erfahrungen eines wahren Hermetikers
Seila Orienta

Diese Autobiographie eines Magiers ist unübertroffen, denn bis jetzt hat kein einziger, okkult Geschulter, so offen und ehrlich gesprochen wie Seila Orienta. Er gibt in diesem Werk sein Leben bekannt, sowie seine zahlreichen und äußerst interessanten Erlebnisse und Erfahrungen. Es werden auch zum ersten Mal Fotos von Wesen der Sphären gezeigt, welche Franz Bardon höchstpersönlich in den 20ern gemacht hat. Des Weiteren schreibt Seila Orienta über die Sphären, über Dämonen, Logenkontakte und vieles vieles mehr, was einem ehrlich strebenden Hermetiker das Herz übergehen lassen wird.

Das Leben des Franz Bardon
Hohenstätten

Dieses Buch beschreibt das Leben des Meisters außerhalb des Frabatos, welches seine Sekretärin – Otti V. – geschrieben hat. Es beinhaltet Erklärungen zu seiner „Biografie", weitere Einzelheiten über den Kampf mit der FOGC, seine Beziehung zu Wilhelm Quintscher und anderen Okkultisten, was alles bisher unbekannt war! Des Weiteren werden viele Erlebnisse seiner Schüler in Prag erzählt, verschiedene magische Leistungen und interessante Geschichten Bardons beschrieben, die bis dato unveröffentlicht sind. Es werden auch seine drei Lehrwerke und deren Wirkung auf die Öffentlichkeit von einem anderen, unbekannten Standpunkt geschildert, welcher durch bisher schwer zugänglichen Schriften unterstützt wird. Als Krönung wird seine aus dem tschechischen übersetzte „Runen-schrift" zum ersten Mal veröffentlicht. Auch einige Seiten aus anderen unveröffentlichten Schriften von ihm sowie interessante Fotos des Meister Bardon und seiner Freunde werden hier Preis gegeben und vieles, vieles mehr.

*

In Verbindung mit der Gottheit
Hohenstätten

Über das Thema der Gottverbundenheit mit all seinen Formen und Methoden wurde bis heute noch nie ein Buch verfasst geschweige denn eine Schrift geschrieben. Man findet in der okkulten wie in der östlichen Literatur nur spärliche Hinweise, die größtenteils verschlüsselt sind oder so geschrieben wurden, dass man sie kaum versteht. Im Gegensatz dazu wird in diesem Buch offen dargelegt, dass das 1. kleine Arkanum der 78 Tarotkarten die Gottverbundenheit in ihrer Reinform darstellt.

Hermetische Heilmethoden
Hohenstätten

Dieses Buch stellt in der okkulten Literatur ein absolutes Unikum dar, denn über die Gesamtheit der okkulten Heilmethoden wurde bis jetzt noch NIE etwas sinnvolles geschrieben. Es werden alle Heilmethoden erwähnt, die der hermetische Schüler mit Hilfe seiner bisher erlangten Konzentrationsfähigkeit ausüben und verwenden kann.

*

Erste hermetische Zeitschrift

„Der hermetische Bund teilt mit" ist eine der wenigen magisch-mystischen Zeitschriften, welche sich soweit als möglich auf die universelle Lehre von Franz Bardon bezieht. Sie versucht sich an die Gesetze des 4-poligen Magneten zu halten und vermittelt Wissen sowie Hinweise für die Praxis, damit der Leser die Möglichkeit hat, sie in seinen hermetischen Weg aufzunehmen und für sich gewinnbringend zu verarbeiten.

Noch viel mehr hermetische Literatur finden Sie auf unserer Website: http://www.hermetischer-bund.com.

Viel Vergnügen beim Stöbern!

Der Verlag

30521183R00034

Printed in Poland
by Amazon Fulfillment
Poland Sp. z o.o., Wrocław